EVERIGHT BOOK 永正图书
ENJOY LIFE 书适生活
ENJOY READING 悦读人生

绝对达成

优秀团队养成术

破解日式高效管理；重新定义团队目标、沟通、激励机制

[日] 横山信弘 ◎ 著
李娟 ◎ 译

北京日报出版社

■ 朝日新闻

要想达成目标预算，必要的就是去行动，让大脑建立一套正确的系统并指导行动，这并不是通过意识就能控制的事情。因此不论怎么苦口婆心地老生常谈都没用，只用语言的话，下属是行动不起来的。

■ 读卖新闻

战略思维是关于战略全局的指导思想，是制定战略方针原则的理论依据。战略思维的质量反映概括直接经验与间接经验并对客观世界产生影响所能达到的深度与广度，在向广度与深度延伸过程中需要娴熟的战术清扫前进中的障碍。

■ 纽约时报

团队成员的思维更是五花八门，即使团队成员就某一项的某一点达成共识，也是短暂的，如果一个团队中的所有成员思维达到高度的统一，那么其实这个团队是一个无效团队。团队讲究资源互补而杜绝资源重叠，只有资源互补的时候才是成本最低的时候，否则即使实现了团队目标，由于成本过高也是毫无意义的。

■ NBC 电视台

团队也是一个成熟的产品，它分别具备精神层次与功能层次的内容。一个优秀团队更多的不是因为功能层次而结合，而是因为精神层次而结合。往往一个好的团队是以功能相结合而以精神取胜。

■ 日本经济新闻

如今是一个信息高度发达的时代，各种各样的噪音在我们的耳边飞来飞去，而我们又不得不在这样的噪音中生活。本书告诉你的是，无论选择怎样的生活方式，不论选择什么样的方法，如果此时此刻有该做的事情，请务必不要拖延，马上着手开始处理这件事，仅此一点，非常简单。

■《产经新闻》

要想让营业活动更有效率，并提高行动质量的话，唯一的方法就是先增加行动量。没有所谓的降低行动量来提高工作质量那回事。因为行动量可以明确地定量化表现出来，而质到底好不好，基准是因人而异的。

■《生命时报》

虽说不能马上出结果，但这不能成为不去努力的理由！

Contents 目录

让目标“绝对达成”的新型管理方法——“预材管理”

Part 3

从“微风型”团队到“飓风型”团队

Part 4

通过“取消”“委任”“缩短”一口气改善营业业务！

Part 5

从今天开始两周只开一次30分钟的会

Part 6

自序

Preface

改变自己才能改变整个团队

2011年春天，日本东部发生了“3·11”大地震。这次地震导致很多人的思想发生了转变，我团队的研讨会的参加者对研讨会的反应也有了很大变化。众多公司经营者、管理者以及活跃在一线的营业人员都变得更加强调成效。

“要求有高效率才能做到的那些事就别提了，漂亮话我已经听够了！”

“不管怎样，先做出成效看看！”

“绝对要达成目标！”

大家心里都燃起了强烈的斗志。

我的想法也和大家一样，相比以前，我也更加重视每次行动的结果。作为咨询顾问，我活跃在各个咨询客户处时，从来不会讲那些做不到的场面话。为了让团队达成目标，有时候不得不和对方的管理者以及经营干部作斗争，我常常在现场大声斥责或者激励大家，一直致力于真正扎实地去推行改革。和对方吵得面红耳赤，动起手来互相抓着对方领口不放的情况也不少。

曾经接手的客户里一位营业部长在结束了咨询工作对我说："你知道吗？在你实施改革期间，有好多次我都想捅你几刀。"就是这样，因为我非常执着坚持并强硬，所以也经常受到那些不想改变的人的排斥。但是，我的方法对于那些怀有"绝对达成！"的强烈意识的人来说绝对是量身定制般适用。我写这本书也是为了回应有着这样强烈热情的人们。

营业的工作就是"达成目标预算"，除此之外没有别的目的。没有达成年间预算的话，就没有资格说自己努力工作了。我每年团队100次以上的研讨会，有超过5000名企业经营者、管理者来参加。虽然他们来自各行各业，所在企业的规模也不同，但他们给我的回应都是"您说得太对了！就是这样的。""您说得太好了，正中要害。"大家都同意我的观点。

但是，通过分析最近两年超过一万份的研讨会问卷调查，我发现事实上有80%的营业人员或团队"并没有把焦点放在指定的目标预算上"。为什么会这样呢？大家明明都同意我"没有达成年间目标预算就没有资格说自己努力工作了"的观点，为什么实际工作中又没有把焦点放在目标上呢？

下面这个问题，如果你是营业人员，A和B你会选择那种营业方式呢？

A“每天工作10小时拜访20家客户。100%达成目标预算的可能性较高”

B“每天工作10小时拜访4家客户。达成目标预算90%的可能性较高”

来参加我团队的研讨会的大部分人都选择了“B”。

“的确，我并不是不知道拜访更多的客户可能能带来更好的结果，但是每天拜访20家客户实在是太没效率了，显得太愚蠢。现在已经不是当初那种多付出就一定多收获的时代了对吧。退一步说，即使是真的每天拜访了20家客户，也不一定都能成功。”

“20家相比4家，量的确上去了，但质必然会降下来，这样不是反而得不偿失吗？再说了，如果没有话题却经常去拜访的话，对客户来说也是添麻烦的事情。”

上面两点都是经常听到的选择B的理由，那么，他们说的都是事实吗？多的不说，我至少可以断言，凡事选择“B”的人，他们都没有从心里将达成目标预算真正地作为目标去行动。“A”里面明确写着“100%达成的可能性高”，只要是将绝对达成作为目标的人，都会无条件地去选择“A”。

可惜的是，大部分营业人员不会选择“A”。原因就是他们被牢牢套在了“维持现状的先入之见”里面。不是找借口，是他们不想改变到目前为止的做法。因此，虽然写着“一天拜访20家客户的话，100%达成的可能性高”，但通过过去积累的经验形成的大脑程序会出来捣乱，“这样做太没效率了”“太古板”了等先入观念就做了负面决定。到最后就发展为明明写的是“100%达成的可能性更高”，却会被曲解为“不一定能达成”“反而有负面效果吧”，理解和认知都扭曲了。再接下来就会想“不能100%达成的话，能达成90%也足够了吧”“不能达成目标也没办法”“我都这么努力了还是没有达成目标，也许是目标预算本身太高了吧”。

说到底，最大的问题就在这里。一个团队，根本没有明确的要去达成目标预算的意识。

我曾经在一家很大的IT企业做营业支援系统以及顾客管理系统的开发工作，为了帮助营业团队能更加活跃地去推进工作，我也算尽了自己的一份力量。当时的我坚信IT的系统武装一定能够助营业一臂之力。

但是，事实证明，现实并非如此。

伴随着社会的高度信息话，营业人员在公司内部滞留的时间比之前急剧增加。营业人员人手配备一台电脑成为理所当然的事情，如此一来，查看并处理邮件、在网上搜集信息、各种各样的会议资料也都需要营业部门自己去做。这就导致众多的营业人员被之前从未经历过的庞大的公司内部杂务追着，没有时间去多花心思在开发客户上。

我从这家知名IT公司辞职后，到营业一线，开始了营业咨询工作。如何才能使营业出成效呢？如何才能改变行动呢？为了寻找答案，我研究了心理学、行动科学、脑科学等专业学科，最后得到的答案很简单：

一点：把焦点集中在目标预算上

另一点：大幅度增加行动量

本书中我会介绍具体做法，此外我还会向大家介绍“最次也能帮你达成目标预算的管理方法”——“预材管理”，一种全新的管理手法。让你的团队告别“以达成指标为目标”的旧观念达到“不论情况有多糟糕都能达成目标”的状态。我运用这个手法帮助过一家连预算计划都没有的建筑公司步入正轨，也让一家从未做过新客户开发的IT企业重获生命力。我估计这种方法和很多企业正在使用的管理方法从最初的构思开始就完全不一样。

对于定量的行动计划是以“100%做到”还是以“做到99%左右就行”来制定，虽然看似只有1%的差距，但事实上却有极大的不同。根据我多年深入一线的经验，“做到底”的营业和“做不到底”的营业出来的成果可以说是天壤之别。比如说，很多人误认为如果只付诸八分的行动，那么能取得的结果也是八分，但事实上，很少一件事情是可以通过一个简单的环节就能出结果的。通常都是通过好多个复杂的环节，最终才能得到正确的结果。因此做什么事情只是做八分的“八分下属”，不管到什么时候都做不出让人满意的成效。相对而言，不论做什么事情，都将目标定量化并且做到底的人，引用日本常说的“十分荞麦面（纯荞麦粉做的荞麦面）”，我将它们称为“十分下属”。

通过实践“预材管理”的方法，之前总是做事半途而废的“八分下属”也能短时间内变成什么事情都能做到底地“十分下属”。不过，即使是变成了“十分下属”，也不会出现下属认为目标达成困难，或者工作时间增加的情况。原因就是那些没有用的工作自然而然地消失了。虽然面向目标做出的努力更多，却并不需要花更多的时间。

实施“预材管理”方法，开始大量行动的话，团队内部之前的各种无用的工作都被自然而然地吹走。连取舍选择哪些是不必要业务的时间也没有。我支援过的多家客户都曾给过我这样的反馈：“因为时间不够，最终不得不放弃了一些原有工作，然后后来发现这些事不做也不会出现任何问题。”有趣的是，通过大量行动被踢出去的业务，也就是不会出任何结果的业务，不管是在哪个行业的公司，不论规模大小都存在这样的业务内容。因此，我认为“预材管理”手法对任何企业都有效。实施“预材管理”，首先我们能立刻看到的变化就是“营业会议”“管理资料”等急剧减少，“营业日报”也将不复存在。各种杂务没有了，这就是为什么大量行动了，反而工作时间不会增加的原因所在。

本书不是专门写给管理者，让管理者一个人理解即可的书。我希望管理者看完这本书觉得有道理的话，再把本书给下属，让大家轮流阅读。这样一来，所有下属也就不会再找借口说自己“做不到”了。

真正的营业工作是非常具有戏剧化特色，每一天都能让人激动兴奋的职业。请务必理解什么是真正的营业，改变自己，然后改变整个团队。

那么，接下来就请详细阅读本书，听我首次公开“绝对达成”的秘诀吧！

1 Part

“绝对达成”的第一步，
就是把目标当作工作的核心

关注焦点在目标预算上

我去某汽车零部件工厂做咨询顾问的第一天，开口先说了这样一番话。“请各位一位接一位地在大家面前公布一下自己的目标预算和预计完成情况。”听到这样的要求，会议室里的营业担当们惊讶地发出“唉”的感叹声，大家一脸疑惑地面面相觑。沉默一段时间后，有人开始小声嘟囔着。

“我忘了。”

“我不记得了。”

“刚刚开过预算制定会议，所以具体的数字还没有通知。”

即使能说得出，也是那种临场发挥只能说个大概的，结果在场那么多人，没有一个人能回答出正确的数字。关于目标的期限，用的单位也都是五花八门的胡乱讲一通。

一个营业担当说：“这个月的营业额目标是800万日元，预期完成情况还不清楚。到了下个月15日自然会得到准确的数字”。另外一个人说：“前半年的目标是75台。今年前两个月已经卖出了28台，现在还不能估计大概会完成到什么程度。”

像这样，有的人说的目标是营业额的数字，有人用收益额来定目标，还有人用营业的产品数量来说明。但是不管哪种说法，从大家的表述都可以看出他们对目标、预期、以及不足的地方都没有一个明确的概念。试想，对目标和现状都没有把握好的营业，又怎么可能达到目标收获成效呢。

听了营业担当们的发表，坐在会议室后排旁听的社长非常愤怒。“别说达成既定目标了，你们居然连目标的具体数字都回答不上来！无法理解这个团队到现在是怎么调教出来的！”

其实，社长的愤怒是情理之中的事。营业工作的目的就是要达成既定目标预算，除此之外没有别的。因此，我认为如果没有达成全年预算计划的话，就没有资格说做了工作。

8成的营业人员不知道自己的预算目标

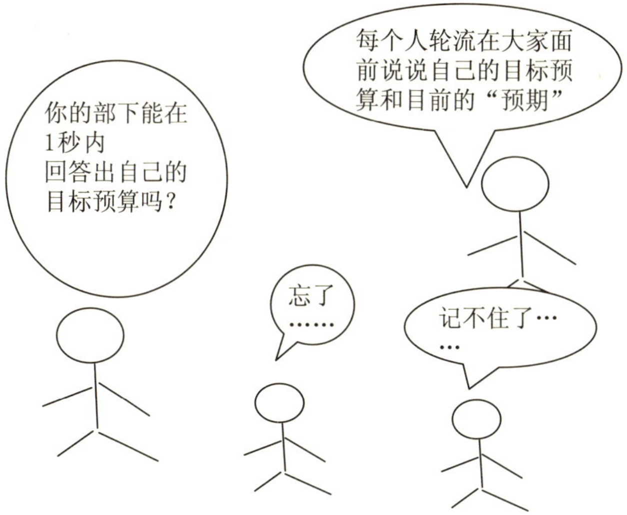

“目标之类的事即使不说也知道。所以我不是每天都很认真去做营业活动吗？”大概很多营业人员心里都是这么嘀咕的吧。

不过，以我作为咨询顾问帮助过无数家企业的经验，以及通过对1万人以上管理层的问卷调查结果证实一个现象，那就是“有8成的营业人员没有把自己工作的焦点放在目标预算上”。当被突然问及目标预算时，大家通常都回答都是：

“不是写在了那个业绩管理资料里了吗？”

“在那个公用的文件系统中有相关数据，我去看一下再回答你，可以吗？”

以上的种种回答都是行不通的。作为营业人员，当被问及目标预算是，必须要像回答“你叫什么名字”那样，马上回答得出来才行。先不论目标能否达成，至少必须马上可以回答出“今年的目标是2亿3200万日元。因此需要售出32台机器才能完成目标”。

在一秒内回答不出自己的目标的话，无论找什么借口都是行不通的。我认为，这就是不合格的营业。一个连自己的目标都不清楚的营业担当，即使被人调侃“你根本就没考虑过完成目标，连自己的工作是什么都不知道”，我估计他也没有底气去反驳对方的。

管理者有把焦点放在目标上吗？

每年都有很多公司的管理层会就如何准确制定年度预算计划的方法来找我咨询。很多公司都是三月做年终财务结算，所以一到了一二月来咨询的人就会变得格外的多。

“横山先生，我无法接受公司社长指定的预算计划。”

“为什么呢？”

“我们这个行业近年来的状况明明不太好，可社长制定的预算计划却反而比去年还高了。制定那种无法完成的预算计划根本毫无意义。你能告诉我如何才能制定出真实准确的预算计划吗？”

对于他的问题，我的回答是这样的：“社长亲自制定的预算计划啊，按照那个方案执行不就行了吗？我不认为有什么不妥的。”

由于没有得到期待的答案，对方的语气突然变得强硬起来。

“虽然你这么说，但社长的计划案行不通就是行不通。你是因为不了解我们所处的行业现状，才能说得这么轻松的。”

“天气热了就脱掉外套，天气冷了就穿上大衣，系上围巾对吧。面对外部气温的变化，我们是无法通过调节自己的体温去适应的。企业也是一个道理。一旦遇到市场外部环境变化就改变预算计划的话，会使财务系统变得很麻烦。”我如是说。

预算计划就如同人的体温一样，是为了让企业健康生存下去而不能轻易去改变的事物。经营一家公司，需要考虑的问题很多。通常预算是在考虑了返还银行贷款等关键问题后制定的，一旦降低预算数额，就不得不通过在其他地方削减经费来维持收支平衡。作为营业管理者，不考虑公司大背景，要求“当企业外部环境发生变化，导致达成最初制定的目标数字困难的时候，公司应该考虑现实状况，将目标预算降低一些”是很不合理的事情。

管理者的工作就是帮助团队达成既定的目标预算。课长有课长的预算，部长的话完成整个部门的预算是他的工作。可惜的是往往很多管理者意识不到这一点，反而去怀疑目标预算是否合理。可以说那些抱怨“预算计划指定的太高了”“公司居然制定了根本无法完成的计划，这也太奇怪了”“市场变化得太快了，根本没办法达成目标”的管理者们根本没有做到把工作焦点放在达成目标预算上。

管理者不能让下属说出自己的目标

有的管理者担心“一旦说绝对要达成目标预算，下属们会变得胆怯吧”。遇到这种情况我会这样反问：“其实胆怯的不是你的下属，而是你自己吧。你这么说，不是把责任全都转嫁给下属了吗？”

有的不负责任的管理者会问属下的员工：“先不管我们原定的目标，你就老实说，目标定成多少你能达成吧？”对原计划的目标不闻不问，反而去打探员工的努力目标，这种事本来是不应该发生的。如果员工自己目标定得过低的话，就会限制他们自身的成长的。也就是说，不管最初的目标，让下属说自己的努力目标，并允许他们按照自己的目标去工作的管理者，实际上是在阻碍下属的成长。

当然，我的观点也遭到了很多人的质问：“那难道说给部下制定一个无法完成的目标，就是在帮助员工成长吗？”这种时候我会反问道：“你不觉得，你现在就断言这是无法完成的目标才是问题所在吗？”谁都知道，靠目前的做法是无法达成的目标的。大家也都明白，现在的做法只是一味地在重复错误，达不到提高业绩的目的。但是，大家没有去想该如何达成，反而认为是目标太高。

我认为，只要没有“绝对达成目标”的打算，就不可能想出能够100%达成预算目标的办法。首先，营业人员需要下定达成目标预算的决心，认定方向后就没有什么可以害怕了。退一万步，就算到头来还是没能达成目标预算的话，也不会死人。

比赛前决心“在奥运会上一定要拿到金牌”的选手，结果很遗憾没有拿到奖牌时会流下悔恨的眼泪，看到选手曾经的努力和懊悔，估计不会有人站出来谩骂运动员没有拿到金牌吧。通常大家都会评价“你已经够努力了”“你的眼泪就是属于你的奖牌”。选手完全没有起初就放弃金牌，然后事先就开始思考拿不到奖牌时的种种借口。

做营业也是一样的道理，是在心里下定决心“一定要达成目标”地去开展营业活动呢，还是从一开始就对预算计划抱有怀疑，反复去找借口推脱地去开展营业活动，两种态度带来的结果肯定是完全不同的。如果一个营业人员自己没有“绝对达成目标”的气概，那么不管他去学习多优秀的人，也无法取得成效。同样，一个没有“绝对达成目标”决心的团队，不管通过怎样的过程管理让营业活动更加透明化，都无法让团队达成目标。

把“焦点”放在目标上，下属会发生戏剧性的变化

就像本章的开头所叙述的那样，我到一家新的公司开始咨询活动时，会突然让营业的所有员工将自己的目标预算、完成预期以及二者之间的差额写在白板上。这样做的结果往往是发现有很多营业担当无法马上回答出自己的目标预算。如果您不相信的话也可以亲自尝试一下。应该会对能够立刻回答出自己目标员工所占的极少的比例而愕然。也许你也不愿意相信这个事实，但把工作焦点放在达成目标预算上的员工真的不多。

不过，在反复追问“你今年的目标预算是多少”的过程中，大家都会渐渐地意识到问题，然后把工作焦点放在达成目标预算上。有的人可能马上就能调整状态，转移工作的重心；有的人可能会花上三四个月，更有甚者会花一年以上的时间。从没有工作焦点，到把工作焦点放在达成目标预算需要一个过程，过程的长短因人而异，不过只要让员工意识到这一点，最终大家都能找到正确的焦点位置。

重要的是反复询问属下员工“你的目标预算是多少？”让员工调整状态，把目标预算作为工作的焦点。这样一来员工会

在不知不觉中开始扪心自问："我自己的预算是1亿日元，但是这样下去的话只能完成7000万。那余下的3000万该如何是好呢？这个客户的最大潜力有多少呢？在客户那儿怎样宣传才能增加成交量，提高交易额呢？要拥有怎样的商品才能才会让客户更满意呢？"

是否能够马上就达成目标预算先暂且不提，只要工作焦点放在目标预算上，员工本人更清楚自己的不足之处。这个不足之处就是所谓的"空白"。只要头脑中有这个空白的概念的话，就会产生去填充这个空白的心理动机，然后就会自发地采取相对应的行动。

让消极的人变积极的“大脑的空白原则”

这一小节，我要向大家介绍一个原理，我把它称为“大脑的空白原则”。

很多的推理小说总是以发生了命案为故事的开端。于是，在读者的脑海中便会产生“凶手到底是谁呢？为什么要杀人呢？是用什么手段去杀人的呢”等诸多空白。读者会主动地去填补上这些空白。不是“一定要去填补”这个空白，而是发自内心的“想要去填补”这个空白，于是有的读者即使牺牲睡眠时间，也要坚持往下看，想赶快知道小说接下来的发展。

一旦想去填补头脑中的这片空白，人们不会被情感所左右，会在无意识的状态去推动自己向前发展。也就是到了“与人的意愿和动机无关，被一种无形的力量所驱使”的状态。

那么，如果营业把自己的目标预算当作工作核心的话会变得怎么样呢？例如，把目标预算的具体数额定为1亿日元。可是，按照目前的状态来看，只能完成其中的8000万，目标预算与现状就存在了2000万的差额。这个差额就会变成头脑中的空白。有了空白，自然就会想去填补。但是要是有“不得不去填补”“就算那么说，填补这个空白是很难的”“由于目标过高根本不可能做到”等等这样的想法的话，那就说明还没有真正做到把工作焦点放在达成目标预算上的状态。

在潜意识中把目标预算当作工作核心的话，营业人员的大脑中就一定会生成这种“空白”。并且，为了填补空白会自发地采取行动。

在一个团队内存在一种法则叫作“2·6·2法则”。它指的是当人们汇聚在一起，构成某种集团形式后，容易形成存在2成优秀的人，6成普通人，2成有缺点的人的构成模式。其中，处于上等的2成优秀的人，他们能够靠自己主观能动性去完成目标预算。而其余的8成，这些人无法靠自己一个人的力量去解决问题。无法靠自己的主观能动性去填补这个“空白”。不过，尽管不能自己独立解决问题，但当把焦点放在达成目标预算上时，这8成人的大脑里也会产生去填补余下“空白”的欲望，会经常烦恼“怎么办才好”。

可是，不管怎么困惑，这8成的员工凭自己过去的经验是无法填补这个“空白”的。只能去询问比自己更有经验的人“怎样做才能去填补这个空白呢？”也就是说，找自己的上司去商量。也就因为这样，把焦点放在达成目标预算上的团队能够做到更灵活的运用报告、联络、商谈（以下简称报·联·商）来解决问题，团队的整体氛围也更好。

让下属不是慢慢地改变，而是立刻改变的方法

只要能够做到把目标预算当作是工作的焦点，属下员工就会发生惊人的变化。就连起初说“目标预算什么的我不知道”的人都会发生戏剧性的变化。这种改变的过程不是循序渐进的，而是立竿见影的，像突然间变了一个人似的迅速。而变化前后唯一的不同就是有没有把工作的焦点放在达成目标预算上。当员工把焦点放对了位置，你会发现一开始时完全没有干劲，征求意见也是总是说“我不清楚”的人，半年后、一年后居然变能够起到团队带头作用的优秀员工。

有这样两种人，一种是能够实现自己点燃自己带动自己的“自燃人”；另外一种是需要通过他人点火，也就是借助外力带动自己的“可燃人”。也许，你属下的员工中“可燃人”会更多一些。到目前为止还没有谁给他们点过火带动过他们，因此他们没有自信，觉得“反正自己不行……”，周围人的人看来可能也会觉得“这个人差点能力……”。但是，即便是这种类型的员工，只要谁能帮他点一把火，给他一点启发，他就会发生惊人的变化。

就像前文所叙述的那样，不要担心“要求一定要完成目标

预算的话，员工会不会退缩，变得胆怯”。当说出“完成目标预算是理所当然的，所以一定要完成！”这样的话时，平时没有干劲的员工也会以“只能硬着头皮去做了”的心境去开展工作。

不过，我在咨询现场说这些内容时，一定也会出现以下这些反对的声音。

“按照横山先生的说法，我如果对属下员工说‘完成目标预算是理所当然的。所以一定要完成！’让他们把目标预算当作工作的焦点，就一定能带来改变，可是这个道理在我的那些员工身上根本行不通。其他公司是怎样的情况我不清楚，可我对属下员工说这些他们根本听不进去。”

“要是像横山先生所说的，如此轻松就能让属下员工们行动起来，我们就不用这么辛苦了。”

“现在的年轻人根本不知道他们在想些什么，说了也是白说。”

不管我如何去建议他们，有些管理者还是会坚持说“我的部下们根本不行，肯定不会照着指示去做的”，总之就是不愿意去实际做做看。

在这种情况下，反复说NO的，其实是这些管理层的管理者们。对我说“我的属下员工听不进去我的话”的管理者，实际上也没有听进去我所说的话。其结果，就像下属们无法改变现状一样，管理者自身也是与以往一样没有任何改变。

有很多管理层的经营者都感叹“我对下属说什么他们都听不进去”。于是，管理者们开始烦恼“我要学会怎样的沟通技巧才能让属下员工们听进去我的话呢？”“我该怎样指导他们才好呢？”。于是，他们开始去阅读一些关于提高领导能力的书籍，去听一些提高指导员工能力的讲座。这样的管理者并不在少数。学习一些技能技巧对自身来说当然是件好事。我也认为应该更多地去学习这些比较好。不过，在这之前有一件事必须要先解决，那就是，把自己的想法说给下属员工听。

其实前文说的那些向我抱怨的管理者们中有99%都没有问过下属“你的目标预算是多少？”即使问了，也就不过一两次而已。我想说，只是说了一两次，下属员工没有听进去就觉得无药可救，要放弃吗？真的是担心员工会因为上司追问太多而退缩吗？真正的原因难道不是管理者自身太缺乏工作热情了吗？

优秀的A员工可能说一两次就会有所行动，如果B员工做不到的话可以再多说一次。如果这样做还是没有让其行动的话就再多说一次也无妨。假设一个月说两次的话，那么就索性连续说一年。如果一年二十四次被问及“你今年的目标预算时多少？”对方仍然还是没有任何改变的话，这个时候也许可以怀疑一下是不是人事部招的这个人有问题，也可以怀疑一下是不是自己的沟通能力有问题。

可是，如果没有经过多次行动，就贸然下结论是不合情理的。我认为，不是管理者的做事方法有问题，只是单纯的行动的次数不够而已。以本篇开篇所举出的汽车零部件工厂为例，通过上司的不厌其烦地询问，最终所有员工都实现了将工作焦点放在达成目标计划上的目的。全体员工都能很轻松地以相同的标准回答出本年度营业额目标的具体数字。

为了减轻压力而做的“冲击 × 次数”

人在面对确实存在的事和理所当然的事的时候，是完全感觉不到压力的。

例如，负责物流送货的人被要求“这个商品请在下午15点前交货”时，不会觉得有任何压力。因为他只需要考虑要想在下午15点前把商品送到客户那里需要几点出发比较好，也就是从期限开始倒推出自己什么时候该做什么即可。

同样，制造部的人被要求“把生产线右边过来的3个零件组装好后，让它继续沿产线向左滚动”也感觉不到有压力。相信在生产线上的操作员不会产生“今天心情不好，所以就只组装2个零件吧”这样的想法吧。因为，对于生产线的操作员来说，把3个零部件组装好，并让它沿生产线继续向左滚动是理所当然的事。

当人们在从事一些理所当然的、现实存在的工作的时候，不会受到动机与感情等外来因素的干扰而自觉地去采取行动。再比如说针对遵守上班时间，与客户见面时不要迟到等这些理所当然的事，应该也不会有人感觉到有压力。

对于营业工作来说，当管理者反复问下属“你今年的目标预算是多少”时，下属的脑子里就会渐渐形成达成这个目标预算是理所当然的观念。下属不会感到有任何压力。就像考虑下午15点前交货几点钟出门比较合适；早上9点钟上班几点从家出发比较合之类的问题一样，员工会在无意识的状态下去思考为了要达成目标预算，应该怎么做才好。

要想把这种想法做到理所当然化，“冲击×次数”是非常重要的。也就是说1年时间内，员工思考了多少次“要怎样做才能达到目标预算呢”这个问题的“次数”是非常重要的。思考得越多，行动和改善就越多，就能越来越接近目标。

有目标，就会启动“拉近法则”

这一小节，我会向大家介绍一个新名词“大脑的焦点化原则”。所谓“大脑的焦点化原则”，是指在无意识中将某些信息自动灌输到大脑中的一种状态。以营业工作为例，如果能够将工作焦点放在完成目标预算上的话，那么在日常的营业活动中自然会发现一些与其相关的信息。

读一些优秀企业家的自传时，你会发现，书中经常写道“其实我自身并没有什么太大的实力。只不过是运气好，才会遇到一些不错的际遇”“只是因为有很多人帮助我，所以到最后其实我也并有没做什么”等类似这样的话。当然，谁都知道，成功，哪有这么简单。我们不能被这些表面的客气话所蒙蔽，那只不过是作者们谦虚的表达方式罢了。他们之所以能够交好运，是因为他们能够很明确地规划出自己未来5年、10年甚至20年后的人生，明确了自己的目标与工作的核心而已。与其说是偶尔交好运，不如说是这些成功人事通过自己的努力拉近了与这些美好际遇与机会的距离吧。

如果没有核心目标的话，即使遇到了好的机会也会无从发觉，然后在毫不知情的状态下让这些机会从指缝中溜走。“我有一位很不错的朋友，要不要介绍你们认识？”“听说有个研讨会不错，一起去听听看怎么样？”“这本书写得不错哟，要不要读读看？”面对周围朋友的种种建议，自己没有明确目标的人通常是浅浅“嗯”一声，然后还是犹豫不决。即使是看一些杂志书籍、浏览了很多相关网页，但由于对信息的敏感度很低，最后的结局往往是与很多重要的有用的信息失之交臂。

你有没有这样的经验呢？与下属一同去拜访客户，通过与客户的交流自己很清楚哪部分很重要，哪里是关键。可是下属对这些内容却完全没有察觉。在拜访完客户回公司的路上，作为管理者的你感叹：“刚才那位部长说了不少有用的话啊。看来这个客户照这种方法去推进也许会很顺利！”可惜的是，你的观点得不到下属的回应：“哦，是吗？我完全没听出这个意思来。”于是下属会慨叹：“还是您厉害啊，这就是知识与经验的差距吧”。

可是，如果你认为同样的话听出不一样的层次是知识与经验的差距所导致的，那就大错特错了。

这其中的差别就在于你是否在潜意识中，把完成目标预算当作工作的焦点。如果能够做到这一点的话，就能够在生活与工作中寻找到对自己有用的信息。“能干的营业人员”是无论身处何种的业界、无论企业规模大小都能够交出满意的答卷，完成目标预算的。只要在心底认定完成目标预算是自己工作焦点，就会自然而然地拉近自己与成功的距离。

可是，如果最开始就认为“这个数额根本没法完成”的话，不管怎样与客户交涉，得到了怎样有用的信息都不会灌输到大脑里，因为本人完全没有察觉到。到后来没有取得任何结果，就认定达不到目标数字不是自己的责任，把原因归咎于业界状况不好、商品魅力不够、或者自己的知识经验不足等。

我想，看到这里，您应该已经理解了，把完成目标预算认为是理所当然的事，把工作的焦点放在达成目标上有多重要了吧。“绝对达成”就从这一步开始的。

Part 2

让不行动的下属
自己开始行动!

要做出成绩所必须的两个要素

如今我们已经进入了信息高速时代，网络极为发达。但就是在这样一个网络十分方便的时代里，为什么营业活动还是人在团队进行呢？人们通常会认为，所谓买卖，只要商品能满足消费者的需求，这笔买卖就能成立。因此衍生出这样的想法：只要QCD（品质、价格、交期）能够符合客户需求，购买完全能在网络上完成，这样一来有的营业人员就开始认为自己目前进行的营业活动将渐渐变得不需要。

但是，现实生活中，无论是什么企业，营业活动都是人在实施的，这是为什么呢？答案很简单，就是因为决定购买的客户也是人。人类不可能根据自己内存的数据来理性地做决断。人的大脑不是电脑，遇到什么问题的时候，容易根据过去的经验主管臆断地下结论，产生混淆、错觉、或者空想。

客户决定购买一件商品的时候也一样，不可能是通过理性思考，建立了一套齐备的理论想法后才做的决定。

“这个营业人员定期地都会来拜访，我记住他了，信任他，所以买了。”

“营业人员对我的态度比之前任何人都好，所以我信任他，决定买他推荐的产品。”

“这个小伙子说得特别中肯，我就心动了。”

大部分消费者都是在诸如上述的心理状态下决定购买的，我想谁都有过类似的经验吧。而“为什么一个企业需要营业团队”，问题的答案就藏在这里。营业是和被称为客户的人类打交道，是一种基于营业人员和客户之间构筑起“信赖关系”的存在。没有只需要向客户“传达信息”的营业，因为这样的营业没有立足之地。

那么，如何才能在营业人员和客户之间建立起来信赖关系呢？我在本书中最想强调一点技巧就是“单纯地增加和客户接触的机会”即可。倒过去十几年，人们经常说“营业是靠腿跑出来的”。但是我在IT企业工作的时候，这样的说法已经开始被否定，认为单纯靠“跑”的想法太陈旧古板。同样，也曾经有过“营业就是在推销自己”的主张，然而这样的想法如今也开始被人揶揄为“跟不上时代的想法”。

但是，我想说的是，事实上和客户接触的次数十分重要。谁都不应该看不起“古板的营业方式”把曾经的理论贬低得一文不值。

美国心理学者罗帕特赛昂斯的实验也证明了我的观点是正确的。在实验中，他每间隔两秒让参加实验者看一张照片，一共12张。不同的照片出示的次数不同，分为1次、2次、5次、10

次、25次。当向参加实验者出示完所有照片后，赛昂斯再将这12张照片全部摆出来，然后问“你对那张照片最有好感？”，结果是参加者都选择了看过25次的那张照片。通过这个实验，我们可以得出的结论是：见过的次数多=接触的次数越多，越能提升好感度。

营业想要做出成绩，需要做到两个要素。一点是在第一章说过的将焦点集中在达成目标上，另一点就是增加和客户接触的次数，也就是说大幅度地增加行动量。

如何能摆脱“维持现状的先入之见”

上一小节我讲解了增加和客户接触次数的重要性，但是我估计很多人即使十分赞同的我观点，也不可能立刻就改变自己，即刻行动起来。为什么呢？因为大多数人都被禁锢在“维持现状的先入之见”里面。具体点说就是一种极力想维持现状的心里欲求，除非是没有一点经验的新人，谁都会受到这种先入之见的影响。

我有一个帮助你判断自己是否被禁锢在维持现状的先入之见里的方法，那就是扪心问自己“如果我跳槽到了别的公司，我也会这么想这么做吗？还是会改变？”

举个例子，如果你现在公司的总经理告诉你“营业会议资料必须做得非常完美，而且必须在规定期限内提交。开会绝对不允许迟到，明白吗？”但是你到目前为止的经历是这样的：营业部不管谁做资料都是虎头蛇尾，有一点不贴切或者漏掉的地方也不改资料，只是口头补充。全员参加的会议几乎没有到时间就准时开始的时候，会议结束时间也有时候定有时候不定。如果是在这样的环境中工作的你，听到总经理的要求会做出怎样的反应呢？

也许你会这样反驳：“经理，您说的我都明白，但是您也知道我们部的员工大家都很忙。有时候有很着急的电话打进来不得不对应，也有的时候一些难缠的客户会突然提出各种要求。这样的状态下，您要求我们开会做资料都必须守时，我们也很难做到啊！”

甚至有更胜一筹的激烈言辞：“您制定这么严格的规定，大家都会退缩的吧，可能大家会说您作威作福仗势欺人。”

不过，如果你是到了一个新公司，上任第一天，公司的领导告诉你：“我们公司的营业会议资料从来都做得非常漂亮，而且肯定是在期限内提交，也绝对不允许开会迟到。这样的规定在公司已经成为铁律大家都遵守得很好，你也一定要遵守，明白吗？”

听到这样的话，你是会说：“即使您这么说，我也无论如何做不到啊。”还是会爽快地答应：“当然，我一定会遵守的”。又或者说立刻表明决心：“您说得都很有道理，我一定铭记于心，坚决执行！”

换工作对每个人来说都是一次冲击力的改变。经历了一次大的冲击，人的习惯会在短时间内发生剧变，也成为摆脱“维持现状的先入之见”的极好机会。这样的时候，你是会不愿意接受到目前为止没有做过的事情，还是会真正地去怀疑当初的方法，你需要下意识地注意自己的反应，了解自身。当你不想服从公司的新方针时，扪心自问吧，问问自己“如果去了其他公司，并且新公司已经按照这种方针在工作的话，我会唱反调吗？”这样你就能找到自己真正的想法，客观地去看待问题。

在信息过剩的大城市人更容易被困扰

网络上充斥着各种文字信息，这就导致一些人明明没有自己经历过一些事情却因为在网上看得太多，就误认为自己也理解了。我们常常能看到这样的字眼“如同魔法般帮你迅速解决问题的方法”“上手快，效果好的技术”等。这些所谓的方法和技术就成了干扰我们思维的噪音信息，会让人不自觉地去想有没有更好的方法。于是开始热衷于搜集各种通向成功、解决问题的方法，忘了最最重要的“要付诸行动”。

我多年的咨询工作经验让我发现，接收的信息量越大就越有陷入“维持现状的先入之见”的倾向。我也向我的客户们说明了这个状况。

曾经我接手过一家做了很多年的中坚企业的咨询工作。由于这家企业跟不上外部环境变化的速度，营业状况越来越不理想。为了能够使企业存活下来，公司决定召集全国34名营业课长进行研修培训。研修的目的是为了让营业课长们的行动量实现巨大幅度的提升，而我则被任命为这次研修的讲师。公司给我唯一一个要求就是“不管用什么方法，总之让大家的行动实现改革。让所有课长都能摆脱‘维持现状的先入之见’然后立刻发生质的转变”。

研修只有一天时间，不过通过我的培训，几乎所有课长都许诺要完成目前行动量2~7倍的行动目标。当然，不仅仅是许诺，营业科长们下一个月之后也将目标实施到底，最后把高行动量目标作为习惯一直做了下去。

通过这次研修，我发现了一个耐人寻味的现象，那就是处于偏远的北海道、东北、九州以及四国地区的营业课长们，相比首都圈、大阪圈的课长虽然地理上处于不利状态，但行动量却多出很多。拿首都圈和北海道地区相比。首都圈人均行动量从30件→80件，而北海道人均行动量从90件→250件。另外，东京、大阪地区的营业课长们在许诺行动目标的时候也容易犹豫不决，行动量的提升率相对其他地方的营业课长也更少。如前文所述，处于首都圈地话，营业能够拜访的客户更加密集，地理上是有绝对优势的，另外市场潜力也比偏远地方高。

比较完大城市和小城市的行动量后，公司的高层干部发怒了：“为什么东京大阪的课长的行动量反而低这么多！简直不可理喻！”的确，据我观察，大城市圈的营业课长们绝对是更容易犹豫不决的。

上一文提及的小地方课长的行动量反而多于大城市课长的现象，在别的公司同样存在。并不是因为小地方的人淳朴，对行动很执着，我认为背后的原因是在信息过剩的大城市人更想要改变“维持现状的先入之见”。

想要改变一个被困在“维持现状的先入之见”里的部下让他行动起来，通常会得到的答复是“为什么不得不做那样的事情啊？”“不做那样的改变，有时候事情不也能顺利地进行吗？”“我觉得我们目前为止的用的方法更加合适。”如果遭到这样的反驳，要想通过苦口婆心的解释说明来让下属接受的话，也是得不到对方理解的。为什么呢？因为“理解=语言×体验”。

能不能从心里理解并认同上司的话，不是取决于上司强硬与否，而是受到下属自己过去的经验左右。通常状况下，过去没有经历过的事情，说再多遍对方还是难以理解的。但是，在如今这样一个信息过剩的时代，通过网络，我们可以检索到各种各样的“语言”。如果持续地接收过多的信息，就会产生自己明明没有亲身经历过，却“感觉自己明白”的现象。

因此如果你的下属反驳你说“部长说的我不能理解？”“为什么非要做那些无用的事情啊！”时，请这样告诉你的下属，“理解需要语言以及体验。所以你别着急拒绝，先试着做做，过三两个月我再来听你的理由吧。”

想要搬动一个大石头需要用很大的力气，不过一旦石头开始动了，之后的事情都会变得意外的顺畅。

只用语言下属是行动不起来的

如题，要想让下属行动起来，根本不需要任何理由或动机，这一点用NLP（神经语言程序学Neuro Linguistic Programing）理论也可以说明。NLP的基本考虑方法是人类被大脑里的程序控制并行动。

当受到刺激的时候大脑会做出相应的反应，在这个过程中，并没有意识的参与和介入。身体有反应并不是因为受到言语的反复追问，而是因为受到了某种刺激，身体会在无意识状态下做出反应。当人类经历和体验的事情越来越多后，就自然掌握了生存能力。

举个例子，在人前说话会面红耳赤紧张得不行的人，为了克服这样的紧张，要做的就是更多地在人前说话。即使有一点点的进步，通过小小的成功的不断积累，大脑就能建立起新的系统，让人逐渐摆脱紧张状态。然而如果想单纯用意识去控制自己的紧张的话，即使说再多次“平静下来，没问题的！”，那怦怦乱跳的心脏还是难以平复的。

营业活动和运动以及学习英语口语一样，只是掌握理论知识的话，是做不好的。只有通过反复练习，才能逐渐掌握。

能达到怎样的水平，关在在于体验的次数。用“知道了解”和“领会掌握”来说的话，营业活动正是在“知道了解”后，需要去“领会掌握”的技能。

要想达成目标预算，必要的就是去行动，让大脑建立一套正确的系统并指导行动。这并不是通过意识就能控制的事情。因此不论怎么苦口婆心地老生常谈都没用，只用语言的话，下属是行动不起来的。

提高行动量的同时提高行动速度，谁都可以做到，绝对的！

“维持现状的先入之见”是大脑建立起来的一个程序，是通过过去的“冲击×次数”建立起来的。处于一种状况的时候，如果过去有好几次类似的经验的话，这个程序就会自动运作起来。因此，过去的经验越多“维持现状的先入之见”就越加顽固。反过来说，如果过去经历的越少，固有的程序就越容易被改变，也就是说行动更加容易改变。

那么，我们该如何去改写已经形成了的大脑程序呢？通过“冲击×次数”形成的程序，同样通过“冲击×次数”就能实现改写。请不要认为自己的性格已经无法改变然后放弃尝试。要相信，行动量是绝对可以增加的，行动速度也是绝对能够提高的。

大脑是一个“刺激——反应模型”

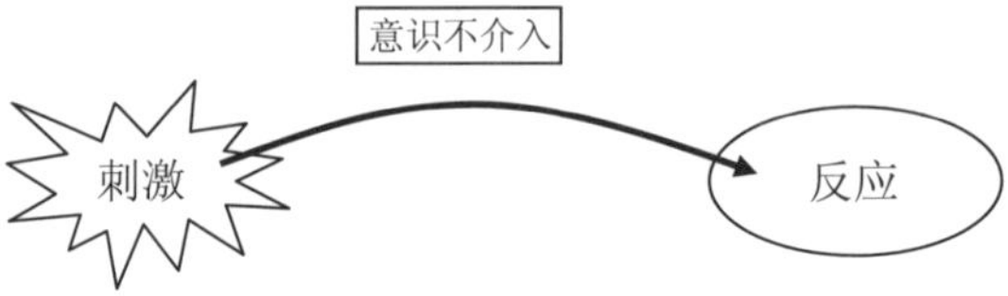

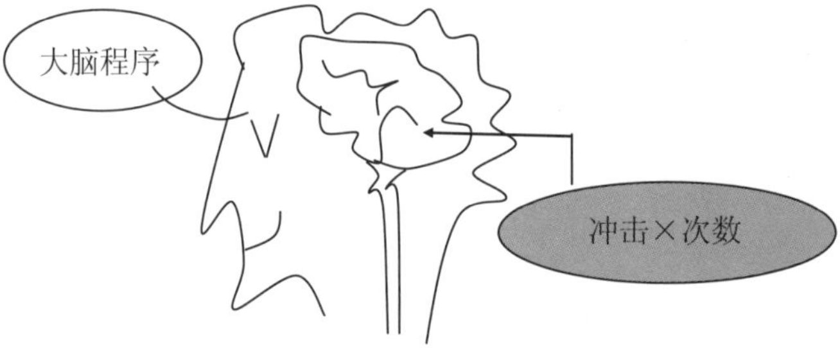

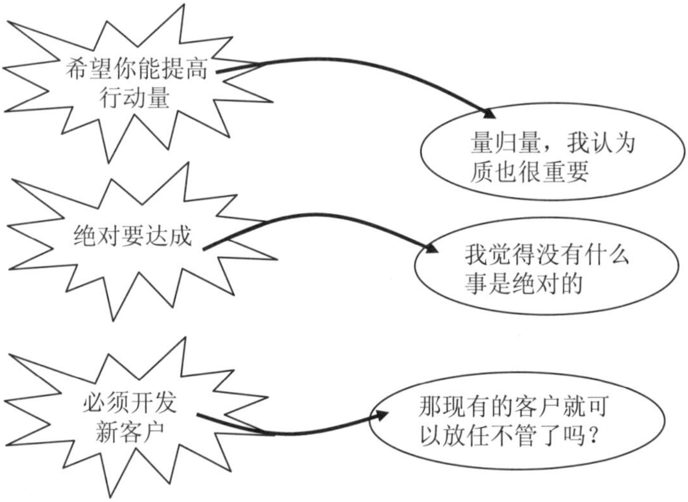

改写程序必要的因素就是不断积累各种小小的成功。就算一年能够取得一次让人满意的很大的成功，也很难实现大脑既有程序的改写。关键是要不断重复和积累小的成功。那么，对于营业来说，小的成功体验具体指什么呢？比较容易明白的就是通过和客户接触以及自己的努力，得到了一定的回报。最好明白的就是和客户签订了合同，得到了客户的订单，不过即使只是对客户说“我来帮您做个预算吧”时，客户没有拒绝，而是回答一句“那就拜托你了”，这也算是一种成功体验。

不过，上面说的成功很多时候取决于对方，也就是说即使你很努力也有可能得不到上述的成功体验。那么，要想确确实实地获得成功体验的话，就需要制定通过自己能动努力就能绝对达成的行动指标。这一点相当重要！比如说将自己应该做的、拜访客户的次数、面谈次数、打电话的次数等做成KPI（Key Performance Indication，企业关键绩效指标）指标，然后对照指标看自己是否达成。采用这样的方法的话，只要自己行动，就能不断积累小小的成功体验，最终达到改写大脑既有程序的目的。

也许你会说，这么基础的东西现在才拿出来摆在这里做为对应方法，是不是太离谱了。但是，我想说，一点点地对照指标行动非常重要。但是虽然它很重要，现实生活中却被很多的企业轻视。定期观测一下拜访客户的次数以及打电话的次数就会发现，能够真正达成最初目标的企业寥寥无几。但是，如果不去拜访客户，不打电话拓展客户的话，就不能迈出帮客户做预算，向客户展示说明公司产品的那一步。事实上，和客户接触交流的次数与公司营业额及利润是成正比关系的。

即使有人说“我改变行动了，但是根本看不到行动和最终结果的因果关系”也无所谓，因为即使你只是做到了在工作时间不变的状况下提高了行动量，也是有意义的，这也是一种成功。因为当行动的密度提高后，人对于压力的忍耐力也会得以提高。并且，最重要的是通过反复积累成功的经验，能让人从“知道了解”的阶段过渡到“领会掌握”的状态。

在说明改变行动提高行动速度的秘诀之前，首先我希望正在阅读本书的你一定要了解一个事实，那就是“100%正确的计划是不存在的”。只要按照它去实施，就一定分毫不差地能取得成效的计划在这个世界上是找不到的。因此，PDCA循环（被广泛应用在品质改善，业务提升等地方的管理手法之一）相比“质”更注重“量”。

现在的计划有80%能取得成效，如果想在此基础上追求取得成效的概率为90%甚至95%的计划的话，最终结果是大部分时间都被浪费在计划上了。相比上述做法，还不如按照80%成功率的计划去不断地循环行动，然后在行动过程中渐渐接近应该有的正确状态。如何将PDCA这个圈循环起来，积累行动

（D）的次数，是十分关键的。

计划归根结底就是一个假说。然后所谓的假说其实在大家脑子里都存在。思考出一个“估计这样做会比较好吧”的计划，大概就只需30分钟吧。最了解现实状况的，不是外来的咨询人员（或者是某个大学的专家教授），而是你自己。过多地听取外部意见，会让你去想“我现在的计划会不会是错误的啊？”“说不定会有更好的方法吧？”，然后在不断怀疑中迷乱了自己。因此，你要做的就是将自己想到的办法立刻付诸行动。然后看看结果如何，如果不如意的话，再来改善。

在运转PDCA循环的时候，先不要在意如何找到正确的答案或方法，改变行动，提高行动速度才是最为重要的目的。

写给那些认为“行动量上去后效率会变低”的人

如我在本章的开头提到的那样，要想让营业活动更有效率，并提高行动质量的话，唯一的方法就是先增加行动量。没有所谓的降低行动量来提高工作质量那回事。因为行动量可以明确地定量化表现出来，而质到底好不好，基准是因人而异的。当基准难以明确的时候，即使将想法放进行动计划里开始PDCA的循环也难以实现检证和改善。最后的结果就是纠结在判断自己“努力了，还是没努力”上，不能实现下一步行动。

有的人会说“量固然重要，但是我认为工作内涵更加重要”，这样的人在我实际咨询工作中遇到的还真不少。通常听到这样的说法，我会询问对方：“那么你认为的内涵是什么呢？”。通常这么一问，对方都不能立刻回答，一脸困惑。在接收到“增加行动量！”的外部刺激时，大脑只是本能地反应出来“工作的内涵更为重要”这样一个托词，事实上这句话根本没有经过深思，是没有任何意义的一句话。我希望大家都不要在这个地方迷乱了自己。

不知道你有没有听说过“一贯性法则”。指的是人类对于自己曾经说过的话或采取过的行动有一种想要保持一贯性的习性。上一段我讲的例子也是因为一贯性习性。在被告知要增加行动量时，大脑只是本能地反应了一下，嘴里就说出了“内涵更重要”这样的话，不要求他说明为什么内涵更重要的话，对方的大脑是不会开始思考的。也就是说当被问及“工作的内涵是什么？”时，对方的脑子里才会出现“是呢，工作的内涵到底是什么呢？”的问题。“内涵更加重要”的观点并不是早就准备好的理论。

多深究一句“内涵具体指什么”，对方可能会给出这样的回答，“内涵啊，是呢……比如说，去拜访客户之前做的准备呀，去了客户那里要做什么样的提案啊，然后……一定要注意说话说到点子上之类的吧，总之大致就是这样的内容吧……”针对这样勉勉强强的回答，你可以试着反驳一句：“如今移动设备这么方便，你刚才说的这些事前准备之类的事情，完全可以在坐车移动的时间里思考啊，所以你所谓的通过减工作量来充实工作内涵的理论，我完全不能理解。”可能对方就着急了：“话虽这么说，但是如果只是愚昧地单纯去增加大量的行动，这样没效率的事情又有什么意义呢？我也完全不能理解。”说到这里，刚刚提到的工作“内涵”的话题就被自然而然地踢了出去，其实对方就是不想做。他想说的就是坚持自己到目前为止的方法没有什么不好，不用非得改变。这就是典型的“维持现状的先入之见”。

当处于不知道如何才能达成目标的状态时，一味地考虑如何提高效率有意义吗？明明没有做出正确的成效，目标基准都不清楚的状况下，又岂能实现把整个工作的团队构造改造得更加有效率？退一百步，我也想问问，就算“增加行动量是没有效率的”，那效率不高又有什么问题吗？我在前文也提到过，是在不增加工作时间的基础上增加行动量。这绝对不会违反任何公司的工作法则。我后面也会说明，反而是那些提高了行动量的团队团队下班下得更早。

重要的是结果。什么都不多想，单纯地增加行动量，如果做出结果的话，那么就没有理由去怀疑增加行动量的效果。总之先将行动量增加到最大限度试试做出成果来，之后再审视整个工作过程。“还有能改善的余地”“也许采取这样的促销手段能够提高签约率”“总是不提预约突然去拜访客户也不太好啊”，通过回顾发现了上述课题的话，那就开始下功夫想想如何改善吧。我想强调的就是先行动再思考改善的顺序很重要。

没有做出任何成果，就没有资格去谈效率化改善。首先要做的就是增加行动量试着做出成果。有了这样的体验之后，才能去谈论“如何才能提高效率”的话题。

形成“把行动进行到底”的习惯

对于营业来说，最基本也最重要的行动计划就是联络客户。拜访客户，给客户打电话等，都是自己能能动控制的联络方式。选择这些能能动控制的着眼点，将它们制成能定量化的“KPI标准”，达成这个KPI就是行动计划。

比如说，将KPI定为一个月拜访100家客户。制订计划的时候要注意一个要点，那就是目标的对象应该是自己能“能动控制的”行为，在自己能控制的行为上思考自己到底能做到什么程度，然后将其设定为目标。如此一来，目标是自己能力范围内能达到的，也就没有了不去达成的理由。只要自己努力，就一定能做到“一个月拜访100家客户”。接下来在实施行动计划（D）的阶段，重要的就是做到底。将定量化的行动计划做到底，PDCA循环就能进行到检验和行动阶段，也就是改善。

遗憾的是，在大多数团队机构里，D的这一步都是没有做彻底的。书面上计划是“拜访100家客户”，实际上就拜访了60家。或者口头上说一定要超过200家，结果做到120左右的时候就不再行动了。因此就有了这样的说明：“虽然目标是拜访100家客户，但是实际上拜访了70家，就这70家的拜访状况看来……”明明事情做的半途而废，还想在这半途而废的事实上试图检证（C）总结出问题点。但是，只要是没有将行动进行到底，检证就没有任何意义。

决定做到100实际真正做到100和做到99就放弃是两种完全不同的状况。我在前文提到过“理解=语言×体验”。在日常生活中一直保持做事做到底的习惯的人一定能理解。一旦制定了行动指标，就绝对要按计划做到底。有没有这样的做事习惯，会带来截然不同的结果。

“上午10点一定要准时赶到客户处”和“只要能赶上上午10点的约定时间就行”两句话看似意思没有什么区别，但是思考的程序是完全不同的。这是一个十分重要的关键点。面向一个目标，如果想着绝对要达成的话，在行动过程中遇到预料外的问题时，一定会自己先能动地去“思考”解决方法。如果是自己一个人难以解决的话，会自然想到去找人商量对策。为什么会自然形成这样的思考以及商量呢，因为你想的是“绝对达成”。

这里总结一句，通过制定“绝对达成”的行动计划，下属们会学会自己去“思考”，并养成习惯，进而更能帮助团队形成“报告·联络·商量”的文化风气。反过来说，如果职场对于目标的解读是“即使不达成也没问题”的话，就不可能让下属养成“思考”的习惯。遇到过很多抱怨下属几乎不会向自己“报告·联络·商量”的企业管理者，其实背后的原因很单纯，那就是职场没有建立行动计划必须达成的管理规定。

实现行动量增加 2 至 4 倍的秘密

当养成了做事做到底的习惯后，接下来要做的就是增加行动量了。将原计划的100提高到150，再由150提高到200吧。在增加行动量的最初阶段，可能你的下属会感觉非常纠结。为什么呢，因为有可能即使将行动计划进行到底也出不来相应的成果。不能保证每个月拜访100家客户，连续坚持3个月就一定能提高营业业绩。甚至有可能是不增加行动量也能达到同样的结果。这样一来，下属们就会开始感觉迷茫了“说实在的，这么做真的有用吗？会不会有更好的方法？”

在我负责咨询的企业中，因为各个企业营业风格不同所以状况有所不同，但是大部分企业都实现了行动量提高到之前的2~4倍水平的目标，期间也遇到了很多营业人员的反驳。“增加了行动量后，行动的质就下降了。我想做一些能够提高活动质量的努力。”虽然有这样反对的声音，我还是采取置若罔闻坚持自己最初原则的态度。在改革的最初阶段，我做计量测算的指标只有“量”。我并不是不理解增加量会影响质的说法，因为确实是存在将焦点只放在“量”上，导致做工作草率了事，只是一味为了增加量而去行动的状况。不过，出现这种状态只是因为还没有习惯大量行动而已。请一定不要在这个时期对我的原则产生误解而改变行动方针，以免前功尽弃。

根据著名的“学习的四个阶段”理论，在学习一样东西时（这里说的学习指的是前文提到过的“领会掌握”，而不是“知道了解”），一定会经历下面四个步骤。

无意识的无作为状态……因为不知道所以不会做的状态。用学习英语口语来举例的话，就是词汇和语法都不会，当然也就不可能达到用英语对话的状态了。

有意识的无作为状态……虽然知道原理或道理，但是做不到的状态。也就是虽然掌握了一定的词汇和语法，但是还不能用英语对话的状态。

有意识的有作为状态……下意识去做就能做到的状态。即用母语思考，然后能转换为英语对话的状态。

无意识的有作为状态……即使不下意识地去做也能做到的状态。也就是能用英语思考然后用英语表达出来的状态。

一个人能够发挥出自己最大潜能的时候，往往是处于完全放松状态的时候。也就是说要想提高行动的质量，在达到第四个步骤“无意识的有作为”状态之前，需要不断重复地去“意识”。直到自己能在完全放松状态下，发挥最大潜能，将工作做到最好。而不断重复地去意识就是前文提及过的“冲击×次数”。通过“冲击×次数”达到无意识也能做到，并且形成习惯的状态。

当大量行动成为习惯，就不会再感觉到压力，没有了压力才能真正感觉到放松，放松了才能发挥出最好的自己，达到提高工作质量的目的。所以我前文说我并不是不理解为什么有人会认定“增加量的话工作的质会下降”的说法，因为量增加质下降只是在养成无意识有作为习惯之前的一个短暂阶段而已，行动量增加不会永远影响行动的质。问题并不在于初期的一些不尽人意，而在于一些人仅仅因为达到自己习惯性行动的状态需要一定的时间，就不去选择正确的方法。

锁定下来做到底的“锁定 PDCA”

如果不能将行动的“D”坚持做到底地话，就不能说做事的PDCA程序循环起来了。我把将行动D做到底的想法称为“锁定PDCA”。

当我的客户营业人员决定并宣言要“每月拜访170家客户！”的时候，我一定会问他们“这个目标锁定吗？”。刚开始的时候，大部分营业人员听到我问这个问题都会感到困惑。问我：“如果做不到该怎么办呢？”对于这样的问题，我从来都不予正面作答。“所谓锁定，就好比给门上锁，将不稳定的东西固定下来。举个例子，如果想用锯子锯木条，如果木条没有固定下来的话，那么也不容易锯断对吧。如果木条被牢牢固定住之后再用锯子锯的话，相信很容易就锯断了对吧。和锯木条一个道理，你的行动目标需要固定吗？”经过这个比喻，通常对方都会回答说“明白了！锁定下来。”

即使是最初很不情愿地将目标锁定下来的营业人员，伴随着锁定这个词成为团队内的共同语言后，也都提起兴致积极参与进来。

“我这个月开始每周一定要有两天按时回家，绝不加班。”

“是吗，那这个目标锁定吗？”

“啊？嗯，明白了，锁定下来！”

类似上面的对话，也在职场里流行起来。

为什么把目标锁定后工作的质量能得以提高？

没有做事做到底习惯的团队

通过“PDCA”循环，做事做到底地团队

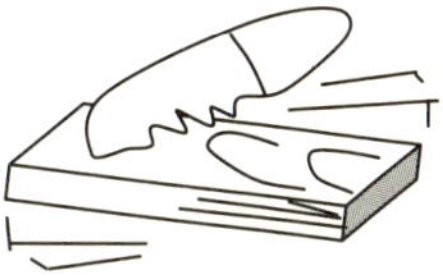

因为没有将木板固定，所以用锯子锯也很难锯好

木板固定得很好，因此能锯得又好又快！工作质量得以提高

将没有理由做不到的行动锁定起来，就能逐渐培养出自己做事做到底的习惯。在增加营业活动量的阶段时，即便最初行动量增加很少也没关系，总之先将目标锁定下来，并坚持到底。然后再开始慢慢增加行动量。如果上个月拜访客户的次数是50次，那么下个月的目标就定为60次，下下次定位75次，再下次定为100

KPI和“锁定PDCA循环”

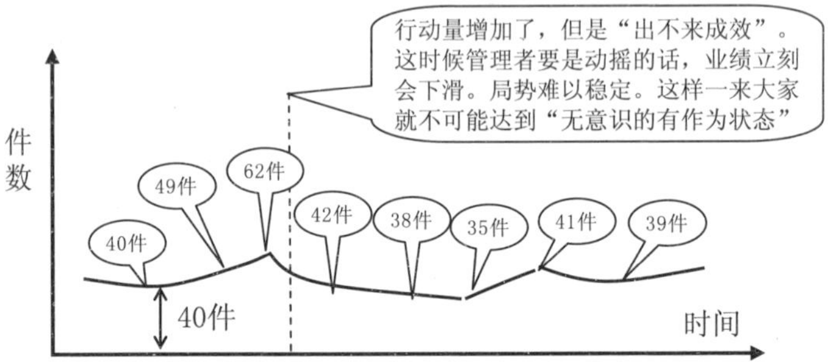

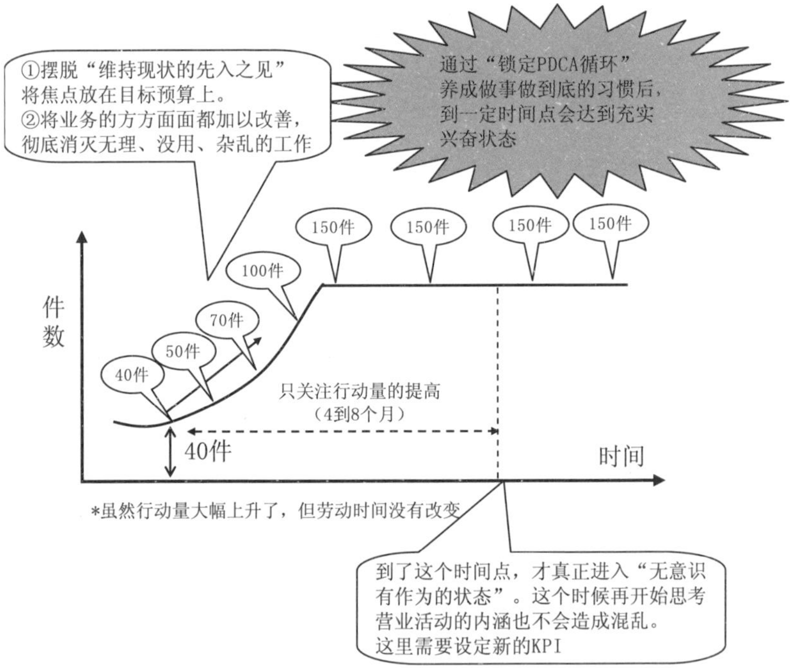

次，接着是150次，225次，像这样逐渐提高行动量增加的幅度。

当行动量增加到一定阶段，到一个时间点会突然体会到一种高度兴奋状态，如同赛跑时精神高度集中处于忘我的那种状态。这样一来，你会觉得停下前进的脚步变得很麻烦或是很不情愿，会不自觉地继续提高行动目标。接下来，在不断行动中，结果开始逐渐凸显。关于为什么会出现结果，结果会在什么时间点或时期出现，我会在本书的后面做介绍，关键是当你收获一定的结果后，营业活动就会变得越来越有意思。

综上所述，压力堆积和纠结都只是最初的几个月而已。过了这几个月，之后就是无意识的有作为状态，即一切都变得“理所当然”。在摆脱“维持现状的先入之见”形成新的行动习惯阶段，一定会经历纠结时期。但纠结正是一种冲击。越能战胜艰难的纠结，且经历的次数越多，仅仅是“冲击×次数”就能让人得以成长。纠结是成长的标志，因此不要惧怕纠结，勇敢去面对去战胜，你会收获很多。

实例 1：为什么精力需要集中在一个行动计划上

这里，我要讲一点非常重要的关键点。在培养将事情做到底的习惯时一定要注意将精力集中在一个行动计划上。有的公司制定了五六个行动计划，并且同时实施，这样的做法最终的结果往往是所有计划都半途而废。

有一个食品生产商也在这一点上吃了不少苦头。我到这家公司支援的时候，营业部长已经制定好了本期的行动计划。“1.增加拜访客户的件数”“2.开发符合客户需求的新产品”“3.做能帮助客户解决问题的营业工作”“4.举行产品知识学习会”“5.更新促销用的宣传单”“6.将网络营业和实体店营业结合起来”，等等，一张纸上详细写了各种行动计划以及工程表。

大约在制定行动计划5个月之后，我询问了营业部长这些行动计划的进展状况，结果得到的回答是：“现在哪有精力去管那些计划啊，这个季度刚开始就比去年同期的业绩下降了很多，根本没有精力去看那些计划是不是在实施，我已经全权交给现场的营业人员了。”于是，我又去向现场的营业人员确认计划的进展状况，得到的结果更是出乎意料。“我从来没有听说过有这样的行动计划啊。”“我模糊记得好像是有一次的邮件提到过行动计划，但事后并没有具体的指示。”“我还是第一次听说这样的行动计划，不过，听起来和去年的计划差不多啊。”

在一个季度开始之前，将理想状态的行动计划罗列出来，制定计划的管理者也好，看到这个计划的经营者也好，都能从中得到一定的满足感吧。然后就开始觉得这个季度一定能够做出好的业绩来。但是，即使是郑重其事地决定“今年一定要做到”，到真正实施的时候又会变得很困难。

这个企业的营业部长也是看到每年的营业状况在不断恶化，心里着急，想到的对策就是提到拜访客户的件数，探明客户的需求，提出能解决客户问题提案，进而增加订单量。为了达到上述状况，就需要提高员工和客户对产品的理解，发出去的传单等促销的道具也需要刷新。但是，当行动计划太多的时候，焦点就会变得模糊。

如我之前所说，行动“D”必须锁定下来。当计划“P”的量增加，需要锁定的行动指标也就会随之增加。这样一来，现场就会陷入一片混乱状态。即使只锁定一个指标，在实施过程中都会感觉到非常纠结，如果想要同时并行地实施多个“锁定后的PDCA”，我估计大家都会陷入到思维停止状态。

如何和要求“全部做到底”的社长对峙

面对这家公司的严峻状况，我说服营业部长“首先只锁定拜访客户件数，其他的计划先搁置起来。”但这个观点遭到了该公司社长的强烈反对。社长的意见是“大家都不是刚进公司的新人了，都是做了5到10年营业的员工，这么点行动计划实施起来是不应该有什么问题的。这些行动计划，全部给我执行到底！”

对于我给的建议，社长没有给予丝毫理解，于是我向社长举了一个具体的例子。听说这位社长特别爱打高尔夫，因此我用打高尔夫作为话题举了个例子。比如说有一个人打了10年的高尔夫了，一天突然得到了可以找专业教练指导的机会，于是决定让专业教练帮自己纠正挥杆动作。专业教练自然是能一眼看穿目前的挥杆动作有哪些缺点。但如果教练提出下述建议，接受指导的这个人会有什么反应呢？“首先，你下半身动的幅度太大了，尝试着不动下半身只动上半身。然后腿和腰的动作也需要改改。你的肩膀动作也有点奇怪，另外右手腕向后摆动时脸的位置也需要注意一下。你注意一下我说的上面几点再来试一下吧。”

看到这里，估计你都被教练的各种意见弄晕了，是的，对于大多数人来说一次要改这么多地方根本做不到。而且这个人已经打了10年的高尔夫，过去的经验已经很丰富。长期的“冲击×次数”已经让他到目前为止的打法成为习惯，必然有“维持现状的先入之见”。对于这样一个人，一次性指出那么多不同的地方要他改进，估计只会让他陷入混乱状态。到后来就开始找各种不能改变的理由和借口。

因此，意见要一个一个地给是最基本的原则。要想改进腰部动作的话，就先只去关注腰部是不是到位了，到正确动作稳定为止需要进行几个月的训练。当腰部动作已经没有问题的时候，接下来开始训练肩部，再后来训练肘部动作，一个一个循序渐进地去改进。总之，要反复训练直到每个动作都能达到无意识有作为（习惯化）的状态。具体点说就是挥杆10次，10次的腰部动作都正确。当正确的姿势稳定下来后，就不会回到之前的错误状态了。

同理，对有着5年甚至10年营业经验的人来说，正因为他们工作经验丰富，才更需要一步一步循序渐进地将工作改进步入正轨。对他们说“做这个，那个也必须做”的话，结果只会是让对方找各种做不到的理由，最后给双方都带来压力。

生活中大家根据经验确立了很多管理方法。但真正实践起来往往会觉得大部分方法都只是“画在纸上的饼”没有任何作用，那是因为很多人妄图把所有方法都在同一时间执行，最终一个都没做好。

通过让员工做到两个约定，客户的访问件数就达到了之前的2.3倍

将事先制定好的KPI一个接一个地确确实实地达成是十分重要的。要做到这一点关键是要将达成目标变成习惯，切实地体会并掌握如何突破。写在行动计划里的东西还没有变得习惯化。将行动计划交给现场去实施，需要适时地监管是否按计划去做了。当真正达到习惯化的状态后，计划就不再是计划，规定也不再是规定，一切都成为了看不见的“常识”渗透到团队中。这样一来，就可以将工作焦点放到下一个行动指标上，锁定下一个目标开始行动。

我上一小节提到的食品生产商在将提高拜访客户件数的锁定之前，彻底执行了两件事情。一件是“开会不迟到”，另一件就是“遵守会议资料提交时间”。虽然开会资料制作方法也存在一些问题，在此之前，这个公司还缺乏“守时”的习惯。每一项商业买卖都有“期限”和“指标”，为了在公司内部贯彻这个最基本的意识，最初阶段我遭到了一些员工的强烈反抗。“开会迟到有时候是不可避免的”“如果客户打来紧急的电话，我也必须优先会议挂客户电话吗？”等，提出反对意见的人比我想象中多。不过，任何反对意见我都一一回绝，坚决执行上面两点——“开会不准迟到”“遵守会议资料提交时间”。结果不用多长时间，开会迟到或资料提交晚于期限的现象就没有了。

开始支援该公司半年后，我和现场的营业人员一起去聚会，一个员工跟我说："以前我觉得开会迟到5分10分的完全没有问题，但现在都无法想象开会会迟到。以前的我们太不像样了啊。"也有别的员工对我说："横山先生你说的道理都是理所当然的事情，没有什么特别的地方。我之前也有过疑问，为什么理所当然的事情我们做不到呢，但是我没说出来。你一针见血地指出来了，听了你的话我觉得心里瞬间舒畅了。"

之后该公司营业部的客户拜访次数在半年间达到了之前的2.3倍。又过了2个月，大家完成了对客户需求的调查，开始定期讨论新商品的开发。再过了一个月，之前宣传单只有2种，在大家的努力下做成了故事形式，数量增加到了11种。此外，大家的行动量也增加了，一年之后营业部长最初制定的那些行动计划都被一一实现了。

甩不掉"维持现状的先入之见"的话，就"不会想去改变到目前为止的做事方法"，这是我一直在各个支援的公司强调的观点，并一直致力于帮助大家摆脱维持现状的先入之见从而实现突破。通过上面这个例子，大家可以发现，当养成了做事做到底的习惯后，之后的挑战就能更加轻松地跨越。即使在现有基础上增加行动计划，也不会再觉得那是压力，因为大家已经对自己能实现目标有了充分的自信。

当然，要养成做事做到底的习惯需要去达成一个个的KPI，这个过程比较艰难，但是只要成功突破了这个时期，就会发现原来自己可以行动起来能做到更多，然后行动量和行动速度都会得以迅猛提升。

实例 2：达成月间访问 500 家客户 KPI

这是一个关于办公用品经销商的例子。公司员工在参加完我的研讨会之后，包括营业部长在内都给出了相当积极的反应。“你的研讨会让我受益匪浅，我一定会按照你说的去实施的。”“我也会摆脱维持现状的先入之见，以全新的面目去迎接新的挑战！”大家都显得非常有干劲。看到员工这般斗志昂扬，社长也很高兴，感谢我说：“多亏了横山先生您的指导，我们公司营业部所有员工都摩拳擦掌地想要做出更好的成绩。”看到大家的反应我也十分诚挚地对社长说：“既然大家都这么有干劲，我看是不是就没有必要到贵公司内部去做咨询培训了吧。”不过社长还是坚持说：“到公司内来做咨询还是必要的，拜托你了！”

就这样，我到了这家公司。深入进去后发现这家企业的产品涉及的面广，但是和其他公司产品相比没有什么差别。他们经销的商品是不管什么样的企业都能用得上的商品。原本这家公司和很多大公司的联络比较多，即使不努力去争取也能获得一定量的订单，之前都保持着长期稳定的业绩。但近来由于市场状况变化，从大企业获得的订单下降了很多。这个时候社长才意识到提高营业能力是当务之急。

根据我过去的经验，因为这家公司的产品客户范围很广，所以最少每天能拜访10家客户，一个月拜访200家以上的客户应该是必须的。但是，公司的现状却是每天拜访2~3家客户，这和我的估算差了太多，社长也为此而苦恼叹息。

到这家公司的第一天，进入办公室时，里面已经是一片热情高涨氛围。大家一看到我都特别大声地向我问好“早上好！”，还有的人立刻就来问我各种问题：“要想做出成果，我应该做些什么呢，请您告诉我。”整个团队都洋溢着活力。

通常像我这样的营业咨询人员对营业团队来说都是“不速之客”。之前支援过的大部分公司都觉得“来了个麻烦的人”“我倒要看看他能做出些什么名堂来”采取的是退一步隔岸观火的态度。去负责咨询的公司第一天遭遇各种白眼是很平常的事情。但是，这家企业不一样。整个团队的成员都是以“热烈欢迎的情绪”迎接我。

前面我也提到过，我的咨询工作首先是会让营业人员全员制定并在大家面前宣言自己的“目标”“计划”和“KPI”。当我在这家企业问大家“谁愿意先来说自己的目标”时，几乎所有人都争着举手回答。这在我之前的经验里是极少出现的，我着实被大家的气势震惊了。

第一个来说明自己目标的系长走到前面，大声地向大家问好，然后转身在白板上写自己的目标。最初的一个数字是“3”，我瞬间想“这就要挑战300的目标，不错啊！”。可惜的是，这位系长在白板上写下“30”后就置笔了。我都怀疑自己是不是看错了，便问：“不好意思，30不是一天的客户访问计划对吧？”“是的，30是一个月的目标。”“一个月？一个月目标30件？那你上个月拜访了多少家客户呢？”“10家。”“10家！？”“是的，上个月我拜访了10家客户，今后想努力做得更好，所以我把目标定为之前的3倍！”

之后上来的营业人员也大概都是“我的目标也是30”“我要努力挑战35件”的感觉。坐在一旁的社长听着大家的目标，脸越来越红。刚开始表情十分生气，到后来就听厌倦了。中途休息的时候社长对我说：“我被下属们欺骗了啊，我感觉大家一天至少有拜访2家客户的，而事实是连这个程度都没有达到。”

因为大家都很有干劲，我想大家是不是能够多增加一些行动量。结果这个提案立刻就遭遇了各种借口的轮番攻击。“目标再定高一些根本不可能，已经到界限啦。”“我想行动量就定为这么多，之后就是提高成功率了。”诸如此类，总之就是不愿意再提高行动量目标。于是我反问大家，“一个月30件的目标的话，一个月工作20天，每天只拜访2到3家客户，这样能达成目标预算吗？”“能达成！”得到的是响亮的回答。

这正是一个单单只看公司氛围和对方意识的话不能把握实际状态的好事例。大家都热情洋溢的，但事实上现实和理想差得太多。归根结底，行动量还是需要定量化地去评价。虽然这个公司是一个精神状态和实际行动状态差距显著的团队，但好在大部分员工都很有毅力和耐性，所以改变起来的速度也相当快。3个月后，出现了月访问客户量接近300家的员工，再加上进一步改善促销道具、接触客户的方式以及寻找目标客户的方法，最终达成了月间访问客户量超500家的目标。当能做到一个月访问500家客户的时候，营业人员就没有时间去感受到压力了，而是能体会到精神高度集中做什么都又快又好的兴奋状态。最终，虽然该公司的产品都是没有什么特色的大众化产品，大家都在不断努力和改善的进程中提高了自身的抗压能力，并且缩短了劳动时间。

实例3：为什么“不给力的A先生”会发生戏剧性的改变？

做咨询培训工作最让我感动的就是见证一个营业员从“不行”到“行”的过程。在东京某商社就职的A先生，属于我见过的营业人员里面少有的没有一点霸气的类型，还很缺乏表情。KPI指标比谁都定得低。社长、营业课长以及其他比他年长的营业员都担心他会是整个团队里最跟不上“锁定PDCA”方法的那一个拖后腿的角色。

最初，A先生说“一个月访问30家客户已经是尽最大努力了”。课长质问他：“别人都实现了每个月拜访100家客户的目标，你这个30家的目标会不会太少了？”面对这样的质问，A先生还是只能一遍遍地说：“对不起，我做不到。”

但是，到了第二个月，A先生将KPI提高到了40件，下一个月增加为60件，再下个月定为100件。每个月都在稳步提升，再过了一个月，客户拜访量大幅提高到了160件。也不知道从什么时候开始，A先生突然振作起来，意气风发。后来在会议上的发言内容相比之前也有的很大不同。当他的前辈抱怨到“虽然KPI提高了，但是却迟迟出不来结果”时，A先生给予的回复是

“虽然提高了KPI不能马上出结果，但是我认为‘不能马上出结果’不能成为不去努力的理由”。周围的人听了他的发言都惊呆了，“唉！你居然能说出这样的话！”我也怀疑自己的耳朵是不是听错了。“虽说不能马上出结果，但这不能成为不去努力的理由！”这是多么经典的名言啊。

后来A先生又提出希望在公司内部导入能简化报价作业的系统，他诚恳地拜托社长：“虽然导入系统需要花钱，但请把这部分钱算在预算里，这是必要的。”这件事也让周围的同事对他刮目相看。A先生的变化给其他员工带来了很大的正面影响，“小A都能做到这个程度，我有什么不行”“连小A也能让公司投资，我也可以做到”。

虽然最后A先生自己没有在1年内达成目标，但是因为他的影响，其他的员工在言行上也发生了巨变，团队整体最终达成了目标。可以说，A先生的表现鼓舞了周围所有人！

3 Part

让目标“绝对达成”的新型管理方法——“预材管理”

“预材管理”的概念

接下来，我将向大家介绍本书的关键词“预材管理”。“预材管理”是一种新型的管理方法，只要实施“预材管理”，最次也能帮助你的团队达成目标预算。“预材管理”的基本理论是，不是“以完成计划预算为目标”，而是“不管情况多么糟糕也能达成目标”。我估计这种管理方法恐怕和大多数企业现行的管理模式相比有着本质上的区别。

首先我希望你能记住，“预材管理”这种管理手法的导入并不会让很多营业人员觉得吃不消，也不会让大家的工作时间变长。“预材管理”其实只是一个简简单单的思想转变而已。

“预材管理”的思维方式和通过资格考试的想法有些类似。在资格考试中，不管你如何努力，只要达不到合格的标准就无法取得相应的资格。可是，直到考试当天为止谁不知道考试的试卷会出什么样的问题，所以只能以不管出什么问题都能回答出来的这种标准去日复一日地学习，做好完全准备，以此规避考试不合格的风险。

“预材管理”也是同样的道理。“预材管理”主张“最次也要完成目标”，所以要想避免“目标未达成”的风险，在1

年的时间里就要用尽所有的方法去实现目标。不管身处怎样的困境，比如很有希望拿到的订单结果被竞争对手抢走了、因为客户原因和对方的交易只能延期到明年、甚至是交易对象的公司因为经营不善导致订单锐减等，遇到任何困难都不能放弃努力，都要想尽办法事先准备好能够使目标预算完成的“材料”。

“预材”“着手落实”“白地”指的是什么

“预材管理”中的“预材”，指的是预订的某种材料。而“预材”则是由“预估”“着手落实”“白地”三者构成的。

在有一定的目标数字的前提下，估计“按照目前的营业状态，这样下去能完成其中的80%”时，这80%的部分就是“预估”。而目标数字与“预估值”之间存在着的20%的差额就成为了空白。前面我也介绍过“大脑的空白原理”，当人的头脑中存在空白时，就会从心理上自发地产生想去填补空白的欲求。所以，把焦点放在达成目标预算上时，大脑中就一定会产生空白。有些空白可以通过以往的经验去填补。因此，如果用到目前为止所经历过的一些方法去填补空白的话，就会自然而然地根据以往的经验去建立假设，整理好自己该做什么，从而准备好“材料”。

可是，当以往没有类似的经验，或者曾经的做法不能解决问题的时候，就必须在工作的现场寻找答案了。这个时候就要注意一点，“理解=语言×体验”。开会的时候和同事探讨也好，通过网络查询一些相关资料也好，都未必会探测出客户的真正意图与想法，只有通过增加实际的经验，多和客户接触，才能逐渐建立起“预材”。

“预材”是什么？

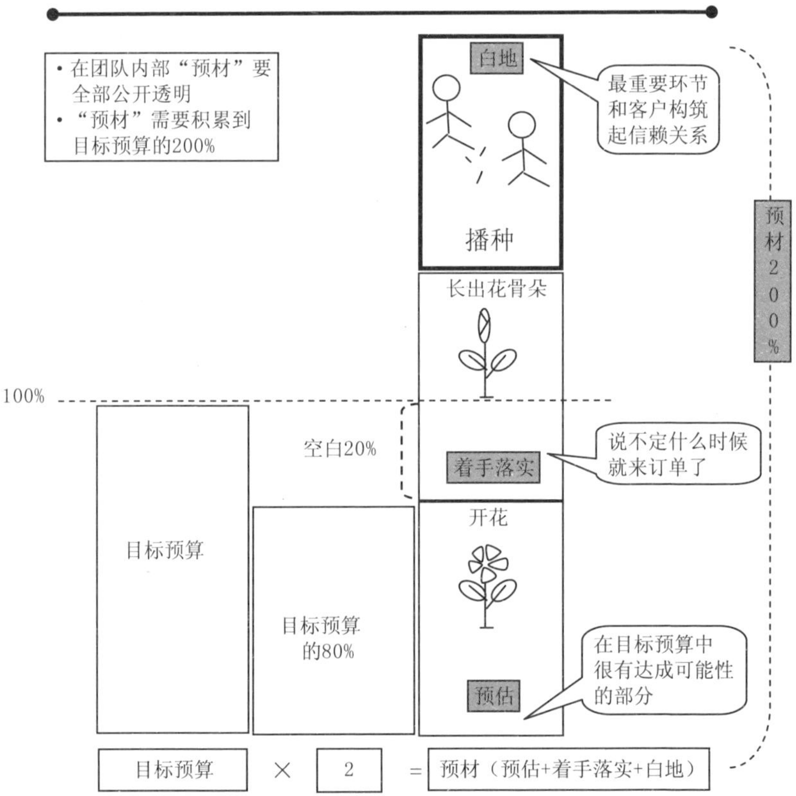

多接触客户，向客户提出报价和提案书，然后不断地去实施提案活动的话，说不定什么时候客户就下订单了。像这样在现阶段正着手做的事，在“预材管理”中称为“着手落实”。

表达方式与定义上可能会稍有不同，但我估计在大家的公司已经将“预估”和“着手落实”的这些“预材”放在了Excel表格中，作为公开信息在同事之间共享。估计也在以这些资料为基础，召开会议大家一起讨论“怎样做才能达成目标”吧。

“预估”部分和“着手落实”部分加起来一定要大幅度超过目标预算

如题，上面介绍了什么叫“预估”和“着手落实”，在这里我要强调一点，营业活动中，“预估”部分和“着手落实”部分加起来，一定要大幅度超过目标预算的100%才行。原因很简单，营业人员接触的所有客户不可能100%都能达成合意，下订单。要想最终达成目标，就需要通过广撒网的方式来填补空白，也就是说“预估”与“着手落实”要大幅度超过目标预算的100%才有可能保证最后的达成率是100%。

可是，大多数的企业并没有做到这一点。虽然口头上强调着“营业活动的可视化”，并且也鼓励大家进行信息共享，可是实际上大家并没有把自己掌握的信息全部共享。我们经常能够在营业的工作计划或资料内看到“看得见化”“可视化”这样的表达方式。“把营业活动可视化，从而实施过程管理”的确非常重要。可是，事实上营业人员只是把自己愿意给别人看的东西做到可视化，因为种种顾虑经常会藏掖一部分信息，大家都这样做的话，这个“可视化”就没有任何意义了。

如果营业人员只把自己想要公开的信息登记在管理表中提交的话，估计管理者会这样质疑了：“你真的认为这样做就能达成目标预算吗？”管理者之所以会有这样的质疑，是因为虽然能够看到大家共享的营业活动内容，但是从这些内容里却看不到任何能够达成目标预算的希望。

针对这样的质疑，如果下属回答说：“能不能达成目标预算我现在也无法判断。不过，我一定会坚持到最后一刻，绝不放弃，我会尽我所能去试试看的。就算是1日元都要尽量去争取的！”听到下属这样的决心，相信大多数管理者都不能再严厉批评，“嗯，距离年终只有3个月的时间了，赶快抓紧时间干吧。正如你所说，一旦放弃的话就完了。加油吧！”“是！我会不顾一切地拼命努力的！”

虽然我并不想否认这种精神论，但只凭这种精神论肯定是不行的。遇到这样的营业人员，我则会这样说。“你的‘预估’与‘着手落实’加起来也不过目标预算的90%而已啊。这样的话，不是无论如何都无法达到目标预算了吗？还有没有准备其他的‘预材’呢？”

针对我的反问，几乎100%的营业人员都会小声地回答我：“当然有了。不过，一旦全部都写在管理表上的话肯定会被课长深究的。写出来的都是有把握的，没有把握的，我是不敢都写在管理表中的，自己留一手比较稳妥。”大家都悄悄地回答我，仿佛在暗示我“横山先生，您也太不懂察言观色了，这样的问题不能公开问的”。

这样的现象让我想起上学时的一些往事。不知道你有没有这样的经历。上中学时，在考试当天是不是总有朋友这样问“你们都复习了吗？”可能大多数人都会回答“我可是一点儿都没看书，完全裸考了”我也是因为周末参加了一个活动，只看了一会儿书”。不知道为什么，大家都会去强调自己准备不足。只有我用定量的表达方式从正面去回答，“我在上午学了2个小时，下午学了1个小时”。

“嗯？这么说来就是3个小时咯？我学了6个小时。”

“你刚刚不是说一点儿都没看吗？怎么又说看了6个小时，那你也算好好复习过了了呀！”

“嗯，算是吧……”

如果说自己好好复习过了，然而考试得到的分数不高的话会很没面子，所以大家通常都会说自己“一点儿都没有复习”。这样的心理与前文中提到的营业人员“只有当没有把握的事情有把握之后才敢把所有数据都公开”的想法是相同的。

“这个月的目标预算是5000万日元，但是实际上我只做到了4700万。”

“不对啊，上次的会议上你不是说能不能做到4000万都成问题吗？”

“嗯，是的。不过我想尽量达成原来的目标，所以后来又多争取到了一部分订单。”

“是这样啊。太好了。我还以为这个月会因为营业额不足而崩盘呢。太好了，你帮了大忙了。辛苦啦！”

然而，这样的状况真是可以说“太好了”吗？我想不是吧，因为根本就没有完成目标预算。先把预算报得很低，然后最后的结果比预计高的话，就说是“取得了意外收获”，这听起来貌似不错，可是作为管理者绝对不能对这种结果置之不理，在达成目标的过程中，这样的做法是不容姑息的。

回到刚刚举的中学考试的例子，拿到结果后发现说自己没有复习的人反而考得不错。

“你不是说你没怎么复习吗，这样还考了90多分啊？”

“嗯，是啊，只是偶尔运气比较好罢了。”

明明是很努力才得来的结果，却不想说出来，非要遮遮掩掩。这样的心理出现在个人行为中的话还可以理解，但是在团队中是绝对行不通的。明确地说，如果不能把“着手落实”的“预材”全部公开的话，就不需要营业团队了。进一步说，连会议和管理方面的资料也都不需要了。也不需要课长部长这些职位的人了，大家都一样，一起出去跑营业就行了。

作为管理者，没有发挥自己该有的作用，结果把所有任务完全交给营业人员。让营业人员报告的也只是他们单凭个人主观判断造出来的事实。管理者只是轻描淡写地说“那么剩下的事就拜托你了”“如果遇到什么困难就来找我吧”。我认为，这样的管理方法根本不能叫作管理。

管理者的工作，应该是让整个团队达成目标，如果现实和目标存在空白的话，就要想尽办法去主动填补这个空白。作为管理者，应该自发地去思考“想要填补这个空白需要怎样的‘预材’；在哪里存在这样的‘预材’”，时刻从整个团队的视点去探求团队整体的“预材”。如果没有积极地去寻找这些“预材”的话，说明管理者自身没有把工作的焦点放在达成目标上。当管理者将工作的焦点放在达成目标上，就会想去填补与目标预算之间的空白，开始寻找填补空白需要的“预材”，然后自然就会想去了解下属们各自掌握的“预材”情况。

当发现下属们公开的“预材”只能够勉强达到目标预算，

或是只能略微超出目标，作为管理者，应当进一步地询问下属是否还有别的预材没有反映。对于部下类似“现在还不能给您过目”；“等我再稍加确认后再向您汇报”之类的敷衍，或者“就这么多了，之后只能靠干劲和毅力了”之类的搪塞，管理者绝不能轻易地认可。一定要引导下属，将所有的“预材”都公开，然后监督大家做到底。

“预材管理”的绝对准则 = 将“预材”全部公开

在团队中存在着“2-6-2的法则”。2成优秀的人即使放任不管也会主动地去完成目标预算；而其余的8成人则必须要靠管理者的鞭策，否则他们是无法完成目标预算的。因为这8成的人做不到独立填补现状和目标之间的空白。

正因如此才需要管理者主动要求部下公开所有的“预材”，如果“预材”不足就一起去想办法去解决。将“预材”全部公开是“预材管理”的绝对准则。这一点是非常重要的。

说完了“预估”和“着手落实”，接下来是“预材”的第三部分：“白地”。

所谓白地，指的是在通过拜访客户建立信赖关系的阶段里，暂时还没有具体着手落实的工作的状态。如果说“着手落实”指的是向客户进行提案，或者是有具体项目推进的“引导”状态的话，那么“白地”则是与客户做到“保持步调一致”，建立良好关系的阶段。所谓的步调一致，指的是让自己合上对方的进度，也就是合拍的意思。最简单的“保持步调一致”技术就是增加“单纯接触的机会”（详见第117页）。

“白地”就像播种一样。播种时会结合种子的特性加以打理，一边灌溉、除虫，一边培育新芽。就这样建立与客户间的信赖关系，等待开出花蕾的那一刻便进入了“着手落实”阶段。平安的开花之后就进入“预估”阶段了。

通过“预估+着手落实+白地”积累200%的目标预算

那么，结合“预估”“着手落实”“白地”三个要素的“预材”要积累多少才好呢？不要用尽量足够多去形容。在商业上，一定要用定量的形式去体现。

原则上“预估+着手落实+白地”相结合，至少要积累2倍于目标预算的材料。如果目标预算是每个月1000万日元的话，那么就需要每月积累2000万日元的“预材”。正确的算法是先将“预估”与“着手落实”相加，再用目标的两倍减去两者的和，从而算出“白地”（后续部分会详细描述）。

作为流程的第一步，首先要明确“预估”是多少。可是，看起来最简单不过的明确“预估”的“预材”是多少，对于很多公司来却是非常吃力的事。

“这一期的目标预算是1亿日元，‘预估’也是1亿整。总之，无论如何都要绝对死守1亿的底线！”有营业人员这样回答，但是我们要的答案是切实可靠的数字，并不是加入了“干劲和热情”的目标。

“关于这一期的‘预估’数字，引用上个月到15日的实际额，也就是4532万。”也有这样以确定的实际数字来报告的营业人员，可是“预估”并不等于是“实际”。我们想知道的是，按照目前的做法，一年能够达成怎样的绩效的数字。到目前为止的实际情况当然可以参考，更需要的是营业人员能够看到后期的整体走向，估算出年间的实绩会是多少。

如果是尚未签订的订单，这部分自然不能包含在“预估”中。它属于“着手落实”。（说到这里，有很多人问我什么算是“预估”，什么算是“着手落实”，二者应该如何去区分的问题，我的回答是最初的阶段不用分得那么清楚，凭自己主观判断就行，重要的是最后加起来“预材”是目标预算的2倍即可）。不过几乎每年都会从一些固定的客户那边获得一定数额的订单是可以作为“预估”值的一部分的。

对于不大清楚“预估”的实际意义的营业来说，即使去拜访客户了，对数字的敏感度还是很低。他们做不到准确地把握数字，也是无法判断出今后的趋势走向。

在让下属都明确完“预估”之后，下一步就是将“着手落实”完全公开然后去逐步积累了。例如，相对于2亿日元的目标预算，“预估”是8300万。如果“着手落实”的金额是4200万的话，剩下的就是7500万，这剩下的就是“白地”。“白地”并不是累计叠加出来的，而是通过减法算出来的。因此“我尝试着去积累了‘预材’，可是最终结果是只能做到目标预算的145%，200%太困难了……”之类的借口是行不通的。

填补“空白”是“预材管理”中最重要的部分

“白地”的规模最初是由减法算出来的。也就是说，白地就是空白。为了填补这片空白需要不断地拜访客户，“白地”可以说是“士气与毅力”，是“士气与毅力”的定量表现。如果不明确给出“白地”的具体数字，即使是一味地标榜着“我有充分的士气与毅力！”，也不会带来好的结果。“用2个月的时间拜访100家客户，可以拿到100万的订单”，这样的宣言是“白地”。“在这次的展会中，我要与50个关键人物交换名片，3个月后就通过他们给公司带来每月50万的订单”这也是“白地”。

“白地”是“预材管理”中最重要的要素。“白地”也是衡量营业潜力的指标。那些平时就有意识地为了积累白地反复拜访客户的营业人员，能够创造出丰富的白地资源。反之，如果一个营业人员什么都不想，只是一味被动地去接受工作的话，估计会麻木得一点办法都想不出来。甚至有营业人员因为达不成目标，开始随意地改变最初定下来的规定：“其他行业我不知道，但是我认为我所处的行业根本无法将预材积累到200%，最多也就是140%到150%的水平吧。”不过，有这样的想法只是因为头脑中的“维持现状的先入之见”在作祟。要相信，不管是什么样的企业都可以做到将预材积累到目标预算的2倍以上。

就像前文所提到的那样，“预材管理”是一种为了规避风险的管理手法，是在最低限度也要完成目标为目的的基础想法上发展出来的管理方式。实施“预材管理”后，营业们每天在想些什么都会如实地体现出来。有的营业员对于目标预算的达成率达到90%。同样也可能会有基本没有什么“着手落实”的工作，“白地”也是一片空白，自己什么都不考虑的营业人员出现。

不过，如果是在一个没有实施“预材管理”的团队里，当管理者看到目标达成率为90%这个数字时，因为给人的感觉是还只差一点了达成状况看起来不算糟，估计管理者也就不会多追问营业人员的工作推进状况了。可是，如果遇到虽然“着手落实”和“白地”都做了大量准备，但是目标预算的达成率只有65%的营业人员时，管理者又会做何反应呢？我估计多数情况下，管理者会以没有达到预期的效果为由，斥责下属“看看你的成绩，你到底在干什么！给我动动脑子！”但是，下属的目标达成率低，有可能只是因为这位营业人员接触到的客户或者区域没有什么优势导致的。可能相比这位营业人员的营业技巧以及他所处领域的市场潜力，给他制定的目标预算的确过高了。

企业整体的预算计划一经制定就不要轻易更改。不过在考虑到各个部署、业务领域以及营业人员个人潜力的基础上，将资源配分做到最优化的前提下，将目标预算按照各个营业人员的实际状况重新安排的做法是可行的。

过去只考虑预算与实绩的“预算实绩管理”是无法达到将每个人的潜力都做到可视化的目的的。也正因如此才需要实施“预材管理”。而且，只要营业员不能摆脱“维持现状的先入之见”，就不能训练出如何制定足够量“预材”规模的能力。所以，需要明确规定为目标预算的2倍。现场的营业员说“这个数字达不到，太乱来了”的话，正好说明这个数字是最合适的。

即使是刚刚进公司的新人也能做到“预材管理”。

不要再去找类似于“我需要再积累一些知识与经验才能达成这个目标”之类的借口了。我认为即使进入到一个完全没有接触过的行业，一点行业相关知识都不具备的情况下，也能够做到理性思考如何积累预材。不过，只通过自己一个人的思考也许不能积累到足够的“白地”。事实上，只靠个人力量能积累2倍的“预材”的人，通常是“2・6・2法则”中优秀的那2成的人。因此，如果通过自己的想法能积累到180%程度的话，其

过去的“预实绩管理”

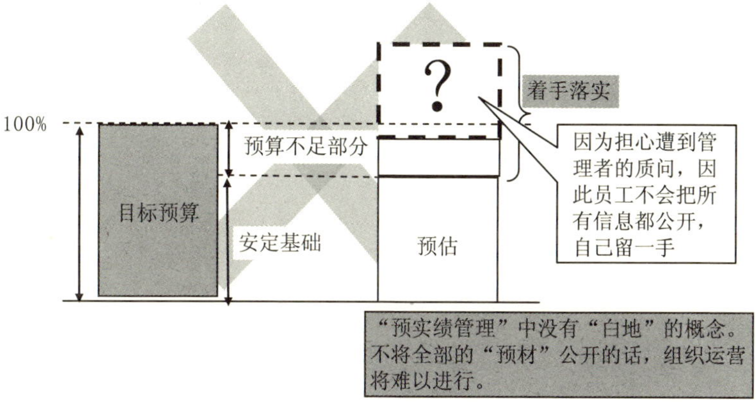

实践型的“预材管理”

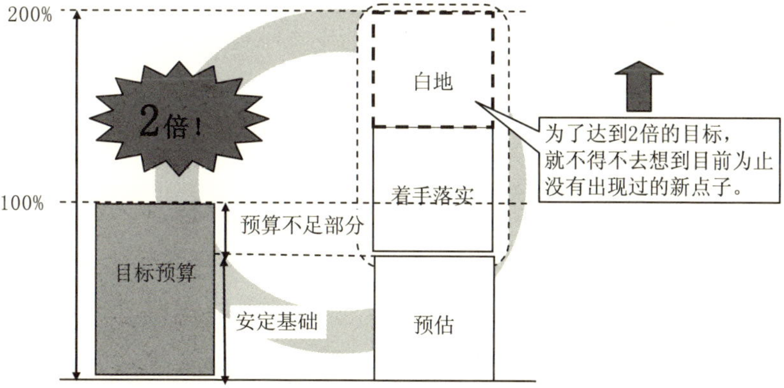

余的可以找经验丰富的管理者去商量，让上司帮忙解决。

在与上司的沟通中，上司需要详细具体地跟下属说明，比如“你的客户是这50家啊，如果换作我的话，我会选择这两家再多下下功夫”等。因为下属也是在竭尽全力思考后才来找管理者商量的，因此听到管理者详尽具体的建议，估计也能很快理解背后的原因，得出“原来如此”的结论。

当积累“白地”遇到困难时应该怎么办？

再说得深入一点，其实公司社长的大脑就是“白地”的宝库。不要以为社长周末和客户去打高尔夫；用公司的经费去与各种人吃吃喝喝只是单纯的娱乐，其实这样的交际正是为公司积累大量“白地”的绝好机会。

因此，当一个营业人在积累“白地”时遇到困难的话，可以直接找社长商量：“社长，我已经拼命想过各种方法了，但是我们的‘白地’还是不够，所以想找您商量一下有没有好办法。”听到下属这样说，社长应该会很高兴。社长会站在他的角度向营业人员提供一些潜在客户的联络方式，说不定还会和下属一起去拜访客户。

甚至员工直接要求社长为了增加“白地”公司做一些投资也是可行的。比如为了增加公司主页资料申请的数量投资更新网站信息，希望公司出资在展会上布展，与更多的客户去交换名片，再或者想举办研讨会，更多地去宣传本公司产品，等等。总之，如果为了营造“白地”跟社长争取公司投资的话，也能得到公司内其他部门的大力支持。就像这样，靠整个部门、整个公司去积累“预材”。

如果用足球比赛的位置去打比方的话，那么营业就是球队的前锋。前锋必须是“自私”的。他需要要求指挥官指示其他球员“把球全传给我！”，才可能取得进球。同样，换作公司的话，当“白地”不足的时候，营业人员需要站出来让公司投资。虽然不知道营业的投资要求公司上层的人能不能答应，但是如果营业什么要求都不提的话，那估计永远不会有“传球”过来。

可是，现实工作中也存在当球传过来时故意躲开的营业。他们的理由时：“为什么要把球传给我啊？如果我射门不进岂不是很没面子？”这样的态度只会让人觉得不可理喻。刷新公司官网后，来自客户的对公司产品的资料请求在不断增加，需要增加人手向客户邮寄资料时，有的营业会以“我现在很忙”的理由拒绝帮帮。好不容易公司投资举办了研讨会，得到了100份问卷调查的反馈，需要营业给接受问卷调查者打电话回访时，有的营业人员也会气哄哄地说“为什么要把这样的工作交给我？”这些营业人员就是当能进球得分的好球传来时反而躲开的前锋。这样的营业人员通常是嘴上说自己“很忙”，实际上却离达成目标还差十万八千里，只会成天抱怨“为什么定这个预算案啊。目标预算这么高，怎么可能会完成啊！”

总而言之，通过导入“预材管理”，把公司的实际情况反映出来吧！

要知道在你的公司，有大量的“预材”还在沉睡。“白地”也多的是。类似于“其他的企业是怎样的情况我不清楚，但是我们公司真的是没有什么‘预材’”的说法只是一种消极的“自以为是”，不能解决任何问题。排除消极的“自以为是”，在团队中建立将事实与意见区分开的构造就是“预材管理”。

从“预材管理”开始思考市场营销战略

实施“预材管理”后，一个团队对于建立市场战略的规则也会自然产生。让我们试着运用在1960年由杰尔姆·麦卡锡提倡的市场营销组合“4P理论”去考虑“预材管理”吧。

所谓“4P理论”是由Product（产品）、Price（价格）、Promotion（促销）、Place（渠道与顾客）这4个要素构成的。用“预材管理”去思考，这4个要素应该用什么样的顺序去排列呢？首先必须要考虑的是价格。为什么呢？因为目标预算是用金额来体现的。所以，首先要锁定价格。因为预材管理的基本想法是最低限度也要完成目标预算，所以需要把目标不足的部分算出来，然后将其锁定。在将距离目标不足的部分找出来锁定后就很简单了。从这个目标开始反推，思考需要怎样的市场战略才能填补上这部分不足。

其余的3P分别是产品、渠道和促销。需要考虑的是将什么样的产品推荐给什么样的客户，或者是通过怎样的渠道，如何去进行促销。如果一个营业人员没有计算过价格，也就是没有以目标为基准计算过自己还差多少的话，他在思考用“什么样的产品”时，通常只会采用自己很了解的产品和服务。而对作为公司方针，要求各营业人员重点营业的产品却视而不见，虽然嘴上说“是，是，我会注意重点营业这个产品的”，但实际上却是说一套做一套，对公司的方针持总论赞成、各论反对的态度。原因是这样的营业人员受“现状维持的先入之见”影响，只愿意卖自己想卖的产品。

在思考“卖给谁”时也是同样的思考套路。这类营业人员指挥通过自己熟悉的渠道，去将产品卖给自己想卖的客户。因为没有事前考虑过用什么单价去和客户交易，往往拜访的都是那些不管怎样努力也不可能积累出2倍“预材”的客户。

但是，如果一个营业人员事先从“白地”开始倒推过自己的不足的话，就不会在“那个客户还没有拜访过呢”“那边的采购部长很啰唆啊”这些事上纠结犹豫，而是非常有目标性地想到：“要想营造出更多的‘白地’，就一定得去那个客户那里才可以”。而且这样的营业人员也具有明确的判断力，“虽然和那个产品开发的相关人员关系并不太好，对产品本身也不太了解，但是要想填补‘白地’也只能硬着头皮去客户那里了”。

如果不事先明确差多少“白地”，思考和行动的顺序搞错了，大家就会按照自己习惯性的方式去推进营业活动，不会客观地思考。只能想到自己想卖的产品卖给哪些客户，想去的哪几家客户想要什么样的商品，之类的简单的问题。这样做非但不会衍生出填补“白地”的一些创意功夫，甚至还有碍于个人及团队部门的成长。

怎样做才能营造出“信赖关系”呢？

之前有提及到把至今为止的行为的行动量扩大到2~3倍，去积累更多的“白地”。那么，为什么需要2~3倍那么大的行动量呢？而且，“白地”要如何积累才能达到更好的效果呢？在这里就这两个问题加以简单说明。

首先，请看第87页中的图表。“预材管理”中的“白地”是保持步调一致（与对方建立信赖关系的阶段），所以营业活动中的80%都是“白地”活动（也就是围绕着建立“白地”而进行的营业活动）。因此，假设KPI指标是100件的话，营业活动的分配就是20件为“着手落实”80件是“白地”。（为了与客户建立信赖关系同步的分配方法，详见本书第118页。）

假设至今为止每月的KPI是“50件”，分担到“着手落实”的活动件数是“40件”，而“白地”活动是“10件”的话，这个比率不是我提到的8比2，就必须尽快改变了。不过如果KPI总数还是“50”，想要把情况改变成“着手落实”“10件”，“白地”“40件”的话，恐怕有些不现实吧。因为要把已经成交的客户对应和正在着手落实的工作放在一边，去着手“白地”的播种工作确实是很困难也不现实的。所以，要解决这个问题很简单，只需要单纯的去增加KPI整体数量即可。

这种情况下，“着手落实”还保持在“40件”，而“白地”则定为“160件”。这样做，全体的KPI就变成了“200件”。原本的50件的KPI就变成了现在的200件。（当然，我也理解要求下属们将KPI突然从50件变成200件的难度相当高。但是通过“冲击×次数”去慢慢习惯，最终一定能达到200件的目标）。这样一来，对于“预材”的行动量分配就接近理想状态了。如果针对“预估”的跟进工作还需要花费时间的话，KPI的总数就还需要往上提。

很多营业人员都讨厌选择这种提高KPI总量的方法，他们认为“不增加KPI总量，而是要改变其中的内容！”“数量就保持现状，我们要做的是提高质量”。但是，我想说，首先要改变的还是量。这可不是假设，要知道“预材管理”与大量的行动是相辅相成的，需要合为一体地实施。

接下来营业就需要思考在营造“白地”的基础上应该选择怎样的客户。这个问题的答案只有两种状况，一种是思考目前已经有交易的客户“在现有基础上还能积累白地”，另一种就是针对新的、休眠的客户能“开发出多少白地”。

按照实际交易以及市场潜力将客户进行分类，用图表的形式来说明的话，会就得到如下图所示的结果（详见下一页中的

一般的“预材”和行动平衡比例

△确实预材达到了目标预算的2倍，但是“白地”的行动量太少了

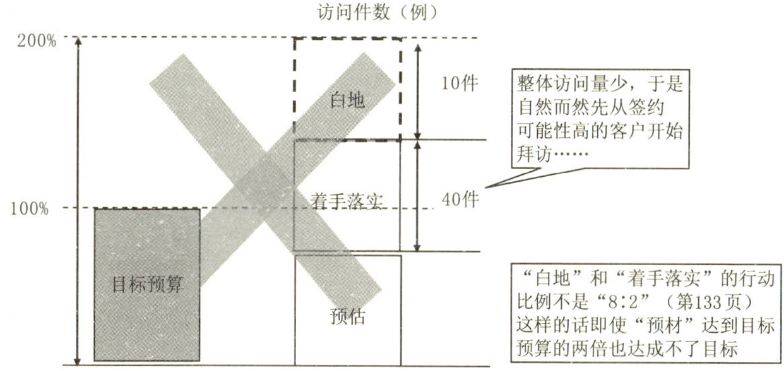

理想状态的“预材”和行动平衡比例

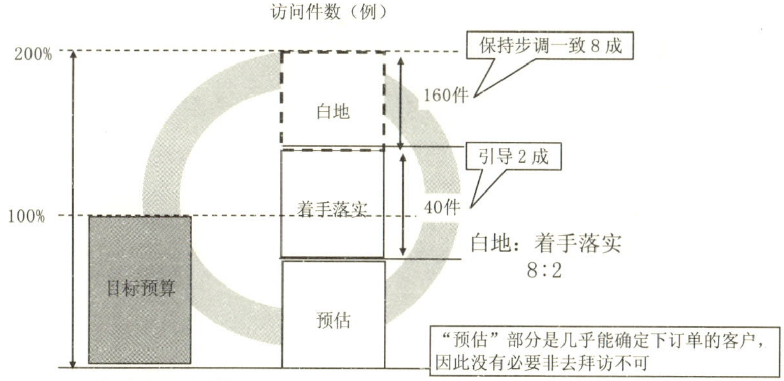

*引导是指能动地去接近
在营业活动上，是指向客户“推销”产品的整个过程

图表）。

在这种思维方式下，一般的营业人员都更倾向于去拜访“A公司”与“B公司”。因为相对于客户购买的潜在需求量，这两家公司的实际交易所占的比率更高。但是，这里需要大家注意一下，就A公司和B公司的状态可以看出他们“白地”已经接近极限了。也就是说，对于这样的客户，不管怎样频繁地去拜访积累的“白地”也是有极限的。

那么，图表中的“C公司”“D公司”又是怎样的状况？与市场潜力相比，实际交易所占的比例很低，所以可以说在C公司和D公司还沉睡着很多“白地”的可能性极大。这样大家就明白了，营业人员最应该就这样的客户采取大量行动。可惜的是，大多数的营业都停留在做成这张图表前的状态。虽然在清楚一家公司的实际交易，却无法把握客户到底隐藏了多少市场潜力。

然而很多顶级的营业人员就是对于C公司、D公司这样的客户有着敏锐独特的嗅觉。这些顶级的营业人员时刻将工作的焦点放在达成目标上，因此能通过对客户的反复拜访，就有多少“白地”还尚未开发能建立一定程度的预测，再通过与客户间的沟通对话，不断地去修正自己原先的假设。可以说他们养成了时刻验证假设的习惯。也可以说是为了要绝对达成目标他们在不断地思考。

交易对象的潜力和分类

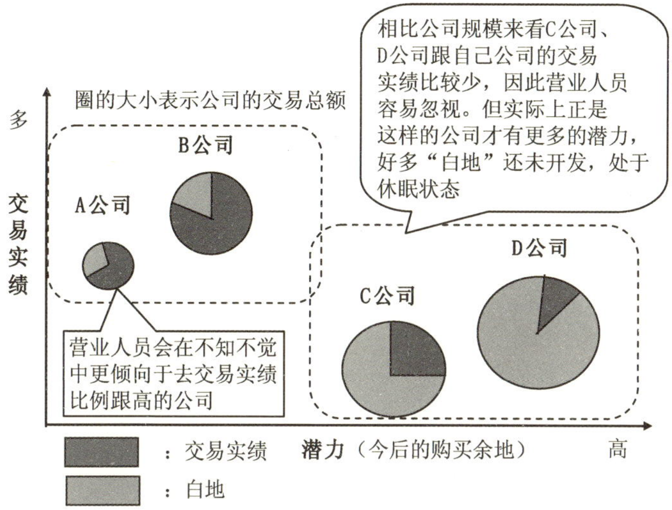

开发“白地”的方法只有两种模式

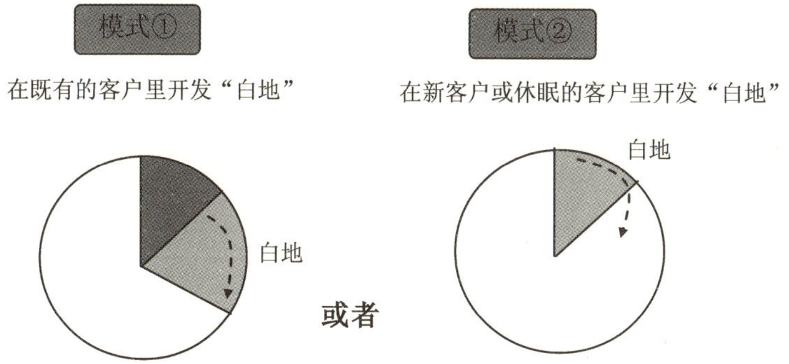

要想积累“白地”，
需要从正确把握客户现状开始做起

而针对新的、休眠的客户，因为没有足够的接触和了解，就难以建立还有多少开发潜力的假设，因此更需要营业人员迈开腿，多联系多接触。可以说“为了建立假设而去联系客户”。这样考虑的话，我想正在看本书的您就可以理解为什么需要那么大的行动量了吧。

为什么是目标预算的2倍呢？

很多管理者问我为什么“预材”必须积累到目标预算的“2倍”，“2倍”的根据是什么。他们会问：“对于差不多可以完成目标预算的部下也要要求拿出2倍的‘预材’吗？”，“您说的这个‘2倍’是指距离目标不足部分的2倍，而不是整体目标的2倍对吧？”

虽然我提出的这个2倍的观点遭到了很多非议，但是我还是要强调，这个2倍指的是团队全员都需要积累目标预算2倍的“预材”。就是这么简单易懂的想法，也可以说正因为容易理解才更容易去导入。

为什么是2倍呢？用前文中解释过团队理论中的“2·6·2法则”去说明会更容易理解吧。

我前面也多次提到，“预材管理”是让团队全体都100%达成目标的新的管理手法。当然，全员都100%达成的话固然很好，这只是一种理想状态，现实中这种情况并不多见。

所有营业人员都需要积累200%预材的理由

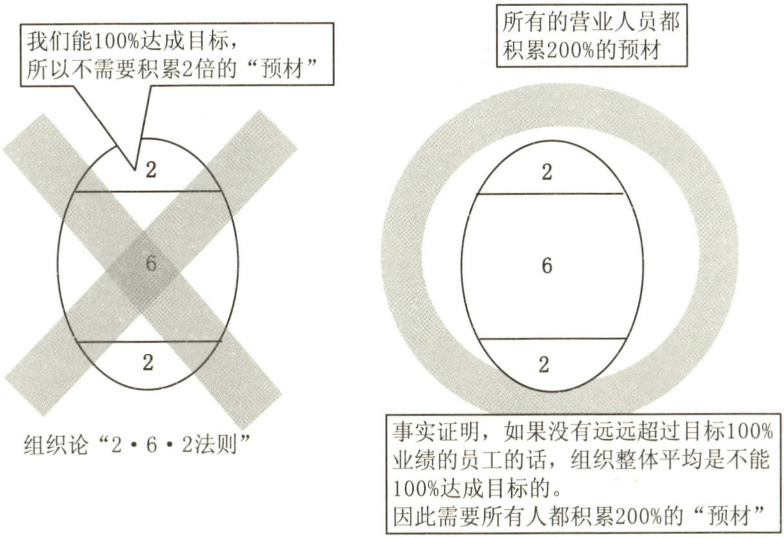

组织论"2·6·2法则"

假设处于上层的2成优秀员工预计能够"100%"达成目标，中间的6成可以达到"85%"，最后的2成人能够做到"70%"。上面2成优秀的营业人员可以不用积累"2倍'预材'"，剩下8成的人需要积累"2倍'预材'"的话，那么最终极有可能会以优秀的2成人达成率"100%"、中间的6成人"100%"、最后的2成人达成率为"90%"的结果收场。这样的话就不能达成团队整体必须要超过100%的目标，所以这样做是不行的。一定要所有的营业人员都积累目标预算2倍的"预材"才行。

当所有的营业人员都能积累2倍的“预材”的话，优秀的2成人能够达到“110%（增加10%）”、中间的人达到“100%（增加15%）”、最后的2成人可以达到“90%（增加20%）”，这样一来团队整体就能够100%达成目标了。

当然，最好能要求处于下方的2成人也能100%达成目标。不过，管理者必须要考虑风险。让处于下方能力较弱的2成营业人员提高10%的份额，与让最优秀的2成营业人员多积累10%相比，哪一边更容易呢？这也是每个管理者必须要去考虑的问题。以我多年在现场做咨询师的经验来说，我认为可以考虑让优秀2成营业人员做出达成率100%以上的结果。不过这个时候如果有优秀的营业人员提出：“我100%的完成目标预算，这不就够了吗？为什么我需要做到110%呢？”的话，作为管理者要如何去领导引导这些“能干的营业”，就非常关键了。好在通常优秀的营业人员对于压力的耐性是非常高的，所以管理者一般只要对他们说“我相信如果是你的话一定可以做得更好！”这样的话，绝大多数人都会坦然接受：“好的我能够做到！您就等着好消息吧。”管理者做的其实给优秀下属的内部动机加了把力。

为了让团队整体完成目标，需要所有的营业人员都要积累两倍的“预材”。这种简单的考虑方法正是“预材管理”的最大特点。而作为管理者要做的就是在确定导入“预材管理”后绝对不能动摇！

实例 1：创立 40 年从未开发过新客户的 IT 企业是如何复苏的

在这里想向大家介绍2个导入“预材管理”企业的实际案例。首先是，位于东京，创业40年的信息系统公司的案例。

到目前为止，这家公司都是接受大企业的委托，进行系统的设计、开发。但由于近年经济形势不景气，该公司的业绩急速恶化。这家公司拥有足够的技术能力，可是完全没有营销能力。营业的基本的工作就是开传票，到了系统的导入时期，如果客户要求现场对应的话就天天待在现场，在顾客的负责人与技术之间像信鸽一样来回打转，一旦有了投诉又马上飞过去。且工作基本上只是依靠已经熟悉的老客户，对于新客户的开发，社长并没有要求去做。

像这样的IT企业，商业上的洽谈通常会花费很长一段时间。在这种属于案件性营销方式的前提下，“预材”的数量达不到目标预算2倍的情况居多。面对该公司的现状，因为无法马上就决定下来具体的改善方向，所以我首先要求该公司的营业人员必须采取行动尽早和客户建立信赖关系。

我让大家设定KPI，让每个营业人员都宣告一下访问客户的目标次数，结果大家给出的回答只有“每月20件”左右。以每个月20天的工作日去计算，也就只相当于1天拜访1家客户，这种节奏简直缓慢得离谱。营业人员们也有自己的说法“你总是叫我们多去客户那里，可是我们根本没有那么多客户，你让我们去哪里啊！”一般情况下，听到下属们这么多，通常都会有管理者站出来说“只要你想去，就一定能找到可以去的地方！”，但是这家公司不一样，甚至连社长自己也说“他们没有可去的地方，所以也没办法啊”“所以我必须自己去给公司找些业务”这样消极的话。

后来，我又找IT工程师谈了谈，在这些技术人员那里我得到了这样的反馈：“到目前为止，我们都只是就某些特定行业进行了系统开发，但是我们今后不可能只靠这一项业务生存吧。对于我们这些工程师而言，没有工作可做是最难受的，如果按目前这样的形式发展下去，公司越来越没生意的话更可怕了。我很喜欢这家公司，一直以来也受到社长的关照。什么样的工作都会接受，所以希望营业能够尽快争取到一些新业务啊。”原来在这家公司工程师们才是最为公司考虑了最多的人。

相比于营业人员，做技术的工程师们反而访问客户的次数更多，也更清楚客户的需求，这样的例子非常少见。于是，根据这家公司的特性，我要求营业人员与工程师一起积累“预材”，决定“去处”。结果在半年后营业人员的平均KPI增长到了“120”。

我在这个案例中学到了一件事，那就是营业“并非无事可做”，正因为他们是营业，所以才不会没有事做。而对于制造部门与物流部门的员工来说，如果无事可做，每天必须要做的事情逐渐减少的话，他们精神上会感觉到不安。每天没有工作，或者只有一点工作的话，过一段时间员工们就会感觉受不了了。

而营业部门正因为是营业，是创造工作的重要部门，才不会像其他部门的员工一样遇到没有工作的瓶颈时期。我希望所有营业人员能够意识到这一点，实际上营业是特别受到眷顾的重要职业。

实例 2：重塑连预算计划都没有的建筑公司

下面要举的这个事例，是关于一家连预算的概念都没有，只凭借“与前年度实际的比较”去进行业绩管理公司。然而，像这种没有明确的目标预算，只凭借和过去的数据相比是上升还是下降了去判断业绩好坏的公司还的确不少。从企业管理的角度上来讲，说这些企业采用的是不健全的管理模式一点也不为过。

事例的主人公是一家公共事业锐减，陷入绝境的建筑公司。在这家公司有一位45岁的顶级营业员，他凭借着一己之力贡献着公司一半的利润。这位顶级营业员是一匹独狼，不与任何人为伍，只是淡然地完成自己的工作。他多次抵制着我们举办的研修与讲座活动。我们也曾多次提出希望他能参与到团队整体的改善中来，可他本人却始终没有给出相应的反应。

对于设定KPI，那些满嘴借口的营业人员设定的行动量极少（50左右），而这位顶级营业员设定并且在大家面前宣言的目标是其他人4倍以上达到“230件”。目标预算也是一样，相对于其他营业7000万日元的目标，他则表示“目标10个亿，‘预估’13亿”，光是“预估”就已经超过了目标预算，不过他还补充说“明确地说，最初制定预算时根本就没把10亿放在眼里，原本想定在20亿的”。就像这样，相比其他营业人员，这位顶级营业员一个人为公司创造了巨大利润。虽然在这家公司的制度上并不存在提成制，挣得的利益再多，工资也与其他人差不了多少，但是这位顶级营业员还是用非常高的目标来要求自己。

后来，在这家公司中设定了如果达不到KPI，就要缴纳5000元罚金的规定。有一次，这位顶级营业员因为设定了230的KPI最终只达到218的缘故成为缴纳罚金的对象。不过，这位顶级营业员坚持说自己没有出席规定缴纳罚金的例会，对于没达目标要交罚金的事情一概不知，然后拒交罚金。其他的营业人员也都提出了“他给公司带来了那么多的利润，就差这么一点，不至于非要让他交罚金”的意见。可是，规定就是规定，绝对不可以动摇。

社长以及公司的高层们也都非常认真地要对公司实行彻头彻尾的改变。因此，不管当事者对公司做出了多大的贡献，这就是规定，不会因为任何人而让步。这位顶级营业员听了公司上层的解释，理解了上层的决议，说：“好吧，我知道了。”然后便从钱包中掏出了5000元的罚金。看到这样的情景，其他的营业们都不禁呆呆地咽了口唾沫。

然而，就是从这一刻开始，这个公司发生改变了！

这位顶级营业员开始没有半句怨言地按时参加公司例会，也开始愿意给其他营业人员一些建议和意见。以前的他就是一匹独狼从未指导过任何下属，但从那以后他也开始给其他营业人员提出各种建议，“我是这样做去达到目标的”“有任何问题的话就来找我吧”。

发生改变就不止他一个人了，慢慢地所有的营业人员都能够做到大量行动了。就连已经50岁左右不太会做营业资料的老员工们也开始坐到电脑前绞尽脑汁地制作“预材管理”的表格了。在一个月的时间里，大家对“预材”构成内容的更换也变得更加细心谨慎，大家意识到“预材”的单价以及重复订货等对于达成预算来说非常重要，于是开始逐渐地思考怎样做才能做得更好。

炎热的盛夏，忙碌在建设现场的营业人员们脸晒得黝黑。以40~50岁为中心的营业人员们终于走出了心里强烈冲突与纠结的逆境。在这个过程中，做到了各部门间的资源再度合理分配。正因为有了“预材管理”所以才会清楚哪些行业存在大量的“预材”，而哪些行业的“预材”不足。从市场“分析家”的角度来看，置身于这个公司所处的建筑行业，估计看到的都是各种不安因素，但是因为能看到这家公司安定完成目标的趋势，因此才能够面向未来去做更多的投资。正是这样一次改变，让这件濒临绝境的建筑公司重获新生。

4

Part

从“微风型”团队到“飓风型”团队

“微风型”和“飓风型”的最大区别

在本章，我将一边对比“微风型”团队和“飓风型”团队，一边对我前面讲解的内容进行具体说明。

“微风型”团队的关键词是“公司内部”“会议”“加班”“意识改革”。“微风型”团队的营业人员们大多在公司内部，日程上经常有会议需要参加，为了开会提前商量，做会议资料，还有一部分工作就是在拜访新客户之前公司内部开各种小会，商量拜访客户时说些什么。可以看出来，这样的团队工作的优先顺序中，相比“客户”貌似“公司内”的各种事情更为重要。

举个例子，比如说原本打算今天一天要拜访5家客户的。结果临近出门了又出现了各种预料外的事情，“上午有紧急会议，出门拜访客户还是先放一放吧。”“老客户们的咨询增加了好多，还是先对应客户的问询，你和我一起做一个‘常见问题解答’吧。”“库存管理这边人手不够了，你能先来帮帮忙吗？”类似这样的其实拒绝了也不会有什么问题的“先帮忙……”的拜托突然出现，微风型团队成员还是会忍不住说“好的，我知道了，我也不能‘见死不救’啊。”然后接受了别人的拜托。

这里出现问题的就是做事的优先顺序。“微风型”团队的员工们早上到了公司以后通常是优哉游哉地打开电脑。如今已经是人手一台电脑办公的状态，因此打开电脑第一件事毫无疑问的就是看邮件。打开收件箱，从上到下地查看未读邮件，回邮件，必要的时候会拿起电话做一些确认，就这样反反复复的，而具体几点出门去拜访客户根本就没有考虑。通常都是用“准备好了就去”这样暧昧不明的基准，结果就是半天很快就过去了。原本应该是拜访客户的黄金时间，也被别的会议占去了。虽然上司要求进行业务分担，让本人把精力都放在拓展客户上，但还是以“我自己做更快”为由，预算和传票处理等都自己做。

坐在电脑前时，就会不由自主地去查看邮件或者浏览网页，就这样，没有确保下来拜访客户的时间，稀里糊涂地让时间都溜走了。在浏览网页的时候，如果突然弹出来一个广告“你现在的年收入是正常水平吗？”，于是又会不自觉地点开看看。一看不打紧，各种杂念都被勾了起来。“嗯，我好像拖后腿啊。”“我现在的工作真的是我当时想做的工作吗？”一个广告诱发了各种迷乱，越看就越没有欲望工作了。

说起来，“微风型”团队就好像开在繁华市区的车一样，遇到红灯不得不停，速度也提不起来，燃料消耗率又高，开

“微风型”团队的状态

△优先公司内部的工作，因此经常有人不出门留在公司

△因为出去跑营业的时间少，没有“播种”，做什么都漫无计划

△大家都优先自己个人的工作，整体难以统率

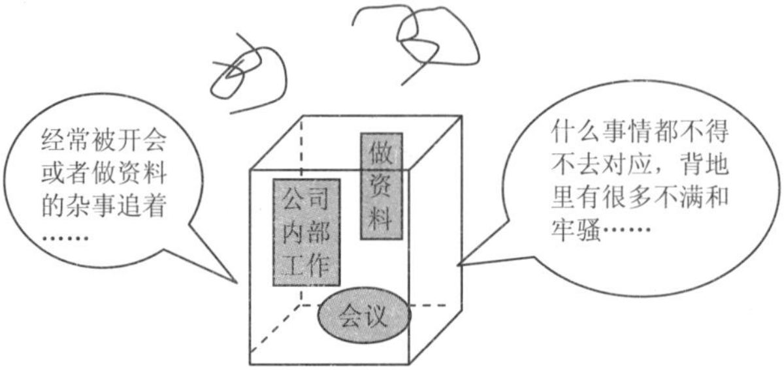

“飓风型”团队的状态

△大量行动，随时都在为下一笔交易“播种”

△基本上谁都不会待在公司

△因为工作浓度高，因此抗压能力强

△经常在公司外面跑业务，所以那些没用的工作自然减少了很多

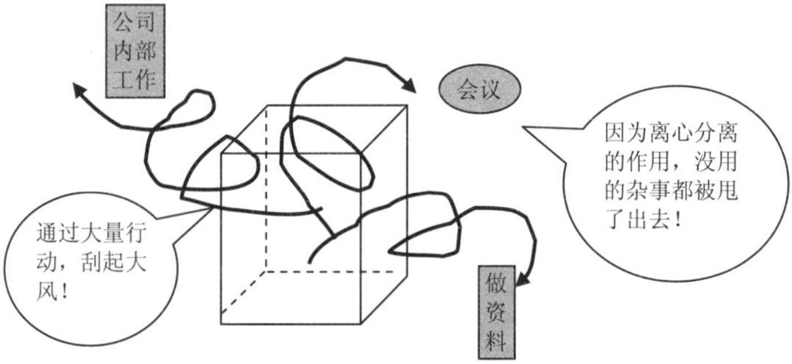

车的人时刻都处于一种不安焦急的状态。去拜访客户的时间和次数都很少的“微风型”团队连营业最基本的“预材”都积攒不起来。“把预材定为目标预算的两倍！根本不可能实现。”就这样自己限制了自己的潜力。微风型团队的员工经常怀疑预算计划是否合理，嘴里常用的表述都是“如果，假如”之类的不确定的说法。“如果整个市场景气了，我觉得我的工作也一定能增加。”“谁要是能做出来好卖的商品，我们做营业的也能做出业绩。”像这样，一个团队里大家都用这样的态度去面对现实，互相舔伤口而已，根本没有实际解决问题。

这样发展下去，团队的业绩只可能越发恶化。然后大家就会开始想“有没有更好的方法？”，管理者也会着急地催促下属“多用点脑子走点心！”带来的后果就是大家会在开会和搜集信息、分析数据方面花更多的时间，去拜访客户的时间更少，整体陷入一个恶性循环。到后来，团队成员的内心会充斥一种“学习性无力感”，不管管理者说什么，通常都会采取“赞成总论，反对各论”的态度。当管理者提醒要有意识地去努力时，员工嘴上会答应得很好“好的，我明白了”，但如果要求员工定下来完成期限和方法的话，下属会说：“我即使嘴上承诺你了，实际上也有可能达不成目标啊。”像这样用评论家一般的口气反驳上司。

“飓风型”团队，出门早且一天都不在公司内部

相比“微风型团队”，“飓风型”团队的关键词是“大量行动”“出门早”“实时处理报告”“有张有弛”。“飓风型”团队通常是一整天都在外面跑客户，谁都不会窝在公司。因为团队成员都明确了需要达成的目标预算和自己该所的事情，所以会自发地不去做那些做不到、没用以及虎头蛇尾的事情。且他们的工作密度高抗压能力强。

所谓飓风，指的是巨大的龙卷风。每一个营业人员都采取大量行动的话，一定会卷起强烈的大风。由于高速运转时的离心分离作用，那些不必要的杂事都会被自然甩出去，因此飓风型团队的成员都很有韧性。

如果一个营业团队是“飓风型”团队的话，周围的人就不会再有“麻烦的工作都甩给营业”的想法，不会再轻易地向营业提一些无关紧要的要求。“飓风型”团队通常是从早上开始大家都不待在公司。早上开完早会，大家就都整装出发拜访客户去了。在飓风型团队里，你看不到待在自己的位子上很悠闲并优雅地喝着咖啡度过早上时光的员工。

要想增加行动量，“出早门”是必须的。早上在不在公司

是决定这一天工作效率的重要因素。早上一早就出门的话，大脑能够变得更加活跃，集中力也会更高。据说脑内物质血清素是会在接收早上阳光照射后开始分泌。早出门能提高大脑活跃度，增强抗压能力，让人不会因为一些小事而苦恼。也不会说“把目标预算的2倍放到‘预材’中，这样根本不可能实现”之类的话。

因为拥有很强的耐力，所以飓风型团队成员通常不会去怀疑目标是否过高，自己能否做到，而是想着先去挑战看看。因为大脑很活跃，所以整个人都充斥着要利用一切可能性去行动的欲望。

为什么“早上活动”很流行呢？是因为早上是人一天当中抗压能力最高的时间段。早上早起到外面去散步、慢跑或者做体操都能促进血清素的分泌，提高大脑活跃度。因为早上抗压能力高，所以越来越多的人把那些“不想去做又不得不做”“总是想拖延”的诸如准备资格考试、减肥运动等事情都放在早上去做。反之，那些精神状态不好的人，通常早上起床很困难，也懒得出门。

当人的集中力提高后，高密度的工作也不再那么困难，能够做到大量行动。而一旦行动起来，也更容易用积极的态度去对待周围的人和事。在我实际的咨询工作中发现，飓风型团队的营业人员们不仅在提高行动量的“上升幅度”，将KPI从“30件”→“40件”→“70件”→“100件”→“150件”，他们还会自发地提高“上升率”。我接手的案子大部分都是这样的情况。连最初比较消极的员工，也在通过反复地高密度工作后，思维方式变得更加积极向上。

要想提高工作效率，需要连续做类似的工作。想提高拜访客户的效率的话就连续拜访，电话营业的话就连续做电话营业，做资料的就连续做资料……总之就是在一定时间里集中做同样的事情。但是，如果来了邮件就得马上回复，被要求出席优先其他人日程的会议的话，想做的工作总是在停和走之间断断续续，这样是不能提高效率的。其实，应对这样的问题，最简单效果又最好的方法就是不待在公司。

看到这里我想有的人就会反驳了“不待在公司，要是客户来了需要紧急应对的邮件怎么办呢？”针对这样的反驳，我会这样回答：“通常情况下，凡是紧急的事情都不会用邮件联络的。我从来没有听说有客户抱怨说发了紧急邮件却没有得到及时回复。”日本商务邮件第一人的平野友朗先生曾经说过：“作为邮件往来的礼节，一封邮件在24小时之内回复即可。”也就是说邮件在一个时间集中处理也不会有什么问题。当然，如果和客户之间有什么需要特殊对应的工作，跟公司申请将电脑带出去也是很简单的事情。

所以，各位营业人员们，积极迈开腿往外走吧。渐渐地你会发现大脑越来越灵活，好点子也越来越多。抗压能力高的人更能很好地借助他人的力量。不会再有“我说了对方也不听”“我这么忙他也没有一点要帮帮我的意思”之类的被动想法。如果有需要拜托别人做的事情，会很自然地主动拜托。为了不让自己承担太多工作而降低工作速度，即便是那些自己做会更快，且完成度更高的工作也会理智地拜托给别人来做。此外“理解=语言说明×体验”，接受你拜托的人也许现在还不能像你一样高效，但也能渐渐在工作的过程中得以成长。在让他人体验这件事情上，不需要你过多犹豫。

此外，抗压能力提高以后，针对上司和其他部署的人提出的无关紧要可有可无地拜托和客户的无理要求营业员也能够做到明确地说“NO”。自己该做的事做完了，一天的工作就完成了，就可以心安理得地回家了。不会再有大家都加班我一个人这么早走了不太好之类的想法。如果有需要帮助的同事的话就帮一帮，不会再因为觉得自己太早回家不好而不回家的顾忌。

“飓风型”团队，就好比开在高速公路上的车。不会因为等红灯而停下，可以一直高速行驶，到达一种极度兴奋的状态，甚至会想一直高速行驶下去不停下来。行动速度上去了，行动量也增加了，理所当然地“预材”也增加了。庞大的“空白区”被逐渐填满，成效自然凸显出来。当收获一定成效之后，营业活动会变得更加有意思，因此行动量会进一步得以提升。像这样，在“飓风型”团队里产生的都是正面的良性循环。

“飓风型”团队拥有凡事做到底地办事习惯

“微风型”团队和“飓风型”团队还有一个很大的不同，那就是有没有“做事做到底”的习惯。

在拥有做事做到底习惯的“飓风型”团队里，无论如何制定好的计划首先一定要做到底，在这样的团队里PDCA循环在高速运转。飓风型团队成员会自发地去思考目标预算和现实之间的空白该如何填满，并不断地改善自己的行动，如果这样还是不能填满与目标之间的空白的话，他们会多次找上司商量对策。这样一来，实时报告会进行得非常活跃。

另外，飓风型团队成员在接到上司指示的时候，因为有凡事做到底地习惯，就不会因为领导指示感觉到压力。不会去问“为什么不得不这样做呢？”之类的问题，而是立刻将指示付诸行动。因为他们都很清楚，相比去找不行动也行的理由，或者对领导的指示持怀疑态度不积极投入，不顾及太多先付诸行动才能更快完成工作的道理。

对于该做的事情一定做到底，且会实时地向领导“报告，联络，商量”的员工，领导都会给予极大的信任。整个团队建立起了坚固的信赖关系，真正做到了“团队整体一条心”的状态。这样一来也不需要开会来确认各个员工的工作进展状况，省去了开会的时间。到后来，领导也就不需要多做指示，整个团队也能越来越独立且强大。

但是，在没有凡事做到底的习惯的“微风型”团队，除非领导特别用心提醒，否则大家都不做行动计划。由于成员都陷在“维持现状的先入之见”里，没有定量化表现出来的行动计划自然是以半途而废的结局告终。在微风型团队里PDCA循环难以循环起来，到任何时候行动都没有得到改善。下属们回去找各种借口，这样一来上司也难以实施强硬的领导。

不仅如此，有的管理者会想“即使我不说，下属们也应该自己思考，自己去意识，自己去解决才对啊。我要是什么事情都给指示的话，那就太奇怪了。”有的管理者还会一边怀念过去的自己，一边向一起喝酒的其他管理者抱怨“我们年轻的时候哪像这样啊，现在的年轻人都是怎么了？”。我想说，这样的管理者们其实完全没有理解到作为管理者该发挥的作用。

管理者置之不理的话，就会误以为是下属们意识太低，于是为了解决问题提出“意识改革”的口号。但如我在前文所说，大脑就是一个“刺激——反应”的模型，跟意识没有任何关系。因此要求员工们“这个季度我们实施意识改革，所有人都拿出当事者的觉悟来，一起实现目标！”，这样暧昧不明热情洋溢的号召，是不会让下属们的行动产生丝毫变化的。不管开多少次会，也无法解决现状问题，反而大家都还很忙，持续连续加班的日子。

“向客户提案的销售”和“打听客户要求的销售”

为了寻找效率更高，如魔法般的营业方法，有的人博览了营业冠军们的各种关于营业的书。但是，不要忘了但凡是能够出书的冠军营业人员都是极为少数的天才。如果用团队“2·6·2法则”来看的话，这些出书的人都是处于上面20%里面的顶点的人。如果想通过模仿这些天才们写的书里的方法，或者研讨会上介绍的方法来达成目标的话，估计过程也不会很顺利，大部分人还是难以做到的。“不要为了卖东西而卖”“故意拒绝一下”等方法听起来都非常新鲜刺激，事实上“营业冠军们”用的技巧大多都是通用的。

另一方面，在营业领域有“打听客户要求的营业”这样一个词。说的就是反复问客户“您有什么要求吗？”的营业方式。有的管理者要求下属停止这样的询问式的营业方式，很多营业研修课程的讲师或者咨询师也都一致开始呼吁“从打听客户需求的营业，转变为对客户的问题提出解决提案的营业”。我在这里表一下态，我不说那些冠冕堂皇的话，我的态度很明确，我更推荐打听客户要求的营业方式。

事实上有很多人对于向客户提案的营业方式有误解。要想提出自己的解决方案，第一步要做的就是将客户潜在的问题和课题通过高超的打听技巧整理出来。当然只是一味地问客户问题，客户是不会轻易地敞开心扉的。让对方回答自己的问题是引导（要求），如果不多在和对方保持步调一致方面下功夫的话，就很难和对方建立起信赖关系，对方也不会认真且正确地回答你提出的问题。另外，如果对方还没有意识到潜在的问题的话，就需要问一些能将应有状态和现状之间的差距明确话的问题，并结合问一些能让对方意识到问题重大性的提问。

并不是想起问什么就问什么，而是需要在提问过程中让对方对自己的商品感兴趣，并且开始考虑购买。因此对应客户之前，需要设计出战略性的问询技巧，并且还要穿插上一些即兴的问题，进而将对方的问题点整理出来。

要想帮助客户在大脑中整理出头绪，就需要从询问到的内容里抽出关键点来。所谓抽出关键点，就是指通过系统地整理，向客户明确指出“您的烦恼是不是这个问题啊？”。再进一步说明如果一直按这个状态放置不管的话，就有可能发生怎样怎样的问题，让对方认可你的推断。这样一来你甚至能得到对方的感谢：“是啊是啊，如果真演变出那样的问题，那就糟糕了，我之前都没意识到，太谢谢你了。”“如果你想解决这个问题的话，我们公司有以一样产品比较适合你，给我一点时间我给你介绍一下吧。”像这样能够将对话引导到介绍公司产品上就算是合格了。

但是，当对方根本没有意识到问题以及对商品的需求是，要让对方认识到“原来如此，是这样啊”的话，需要有相当高的交流能力。当然我希望所有营业人员都能掌握这样的技巧。但是这样的技巧不是说有就有的，上司再怎么强调“向客户提出你的方案，做一个提案营业！打听出客户的困扰之处，并且想出很好的解决对策才是我们营业真正应该做到的工作！”，下属也不可能在瞬间掌握必要的交流技巧。

作为管理者，需要客观地看清楚下属能做到什么，做不到什么。只是单纯的一句“采用提案营业的方式！”，下属是绝对不能马上做到的。这需要设计相应的程序反复进行事前演练。教育归教育，需要扎实地做好。但是要注意，为了达成目标而进行的PDCA循环和教育完全是不同的事情，一定要分开对待。

实例 1：测定询问“您有什么需求”次数而收获的结果

我在大阪一家广告公司做咨询服务的时候发生了这样的事情。当时该公司认为提高提案营业力是需要立刻着手做的事情，因此针对特定的营业人员每两周进行一次演练。半年时间里，大家都非常有毅力地坚持演练，但是却迟迟未在工作上体现出成效来。

当然，通过半年的反复训练，员工们的提问技巧，谈话技巧都有了明显提高，这是大家都有目共睹的。但是，苦恼就苦恼在出不来成效。提高提案营业能力的目的是为了提高在接触客户的次数里客户真正下订单的概率，也就是提高成交率。但是，当时的状况是成交率怎么都提不上去。

虽然是几年前的事情了，但是有一个经验对我产生了相当大的冲击力。那就是针对“还没有意识到问题存在的客户”，要想做到将应该有的状态和现状之间的“空白”说清楚，并让客户认同，在此基础上向客户说明要想填补这片“空白”自己公司的产品是必须的，需要营业人员具有相当高的交流能力。通常在一个团队里面能做到这一点的只有20%。

结果几年前的上述经验被我有效应用到了大阪这家广告公司的咨询工作中。对于到目前为止做不到把潜在的问题明确出来、挖掘出客户的潜在需求的人来说，要求他们在短时间内做到上述两点难度实在太高，想在半年或一年时间内期待出成效几乎是不可能的。因此，去接触那些问题和需求已经很明确的客户变得非常必要。必须在这个节骨眼上在营业业绩上体现出成效来。当然，能不能遇到这样的客户，就需要看概率了。

上司对下属说“去问问客户的需求”，这个没问题。但是如果上司要求下属“去给我挖掘出客户的需求来！”的话，这个指示就太欠考虑了。在这家广告公司，我做的是“咨询营业”工作。我深入思考了为了描绘出客户应有的理想状态并让客户的现状逐渐接近理想状态，到底需要做哪些事情？发传单广告吗？用网络媒体吗？电视广告和活动组合推进行吗？如何帮助客户提高业绩？解决这些问题主要还是要靠营业人员，他们才是中坚力量。该公司的社长对于整体营业的改善非常有干劲，因为我向社长说明了短时间不能出成效的原因，并且建议他稍微改变方向，让员工开始接触问题已经明确的客户。

后来，大家设定了KPI目标，通过多次到客户处拜访，和客户处好关系，然后让客户自然而然发现“啊，这么说来，你在的公司是做广告的对吧？那我现在的问题你们公司能不能解决呢？”拜访客户10次，其中8次都不谈工作只是闲聊，不过我要求营业员在剩下的2次一定要询问客户“您有什么让您困扰的问题吗？”“你有什么需求吗？”，像这样直接询问客户的需求。我也要求营业人员们数一数自己问了多少次“您有什么需求吗？”，记录下来，看是否达成KPI。

在实施过程中，我发现有大半的营业人员被老客户像杂工一样利用，但是还是不会问客户到底需要什么进而推销自己的商品。为了解决这个问题，虽然大家都不太愿意，我还是坚持要求大家将询问客户需求的目标锁定下来。因为我认为，不同于向客户提案式的营业，问客户需求的营业方式是很简单的，没有做不到的理由。将这个要求锁定下来要求营业人员必须完成后，公司的业绩渐渐有了提升，总算是看到成效了。

“单纯接触效果”和“自我明示效果”

为什么我不提议“向客户提案的营业方式”，而是让大家在“询问客户需求的营业方式”上下功夫，并且最终能达成目标呢？下面我将依据“预材管理”为原点，再详细解释说明一下我的观点，希望大家能够有相同的认识。

想要增加行动量，首先需要做到的就是和客户保持步调一致。不是让营业员要把商品介绍得多详细，而是要求营业员和客户建立起信赖关系。让客户觉得自己和这个营业员合拍，一起相处的时候不会觉得别扭，而是觉得自然。这一点相当重要。

建立信赖关系，需要一定的与人沟通交流的技巧，我们身边这类技巧非常之多。“社会证明原理”“回报性原理”“一贯性原理”“稀少性原理”等，运用这些依据心理学总结出来的技巧，能够让和对方建立信赖关系的过程变得简单。在本书中我就不详细介绍这些技巧了，市面上有很多这类书籍，多学习学习作为一项知识来掌握对大家绝对是有好处的。不过，如我前面提及的提案营业一样，这些交流技巧从“知道了解”到能“灵活运用”，是需要一段不短的时间的。

与客户保持步调一致的过程占8成

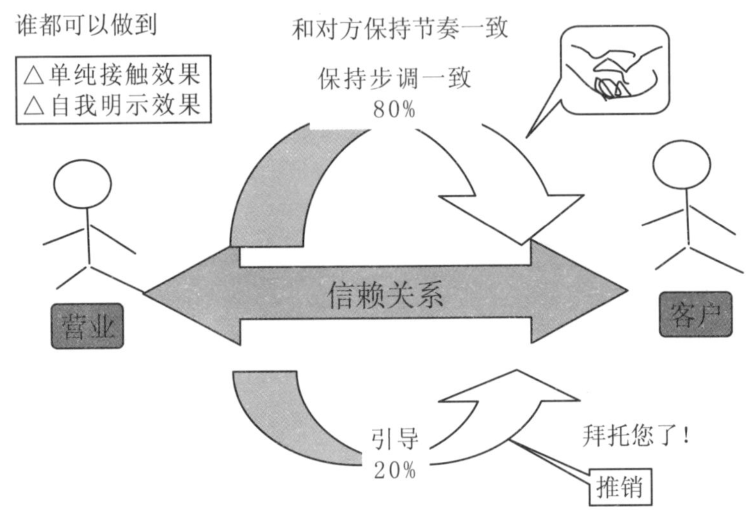

在这里，我想给一般营业员工推荐两点，那就是目标瞄准“单纯接触效果”和“自我明示效果”。可能有的人会觉得我的观点“太古典，且发散思维太模式化”。对于有这样意见的人，我希望他们能用回归原点的视角来看待问题。我认为，说到底营业的工作终点其实就是“靠双脚去跑”“推销自己”。

有时候有的管理者会斥责下属“不要再去做那些没有意义的拜访”“思考清楚你到底是为了什么去客户那里”，对这样的管理者，我想对他们说，不是只有客户下订单了，一次拜访才叫有意义，拜访客户的整个过程的80%都是为了去迎合客户的节拍，和客户保持步调一致。

要想和客户建立起信赖关系，通过拜访让对方记住自己的长相就是拜访客户的一个重要意义。先是单纯地去增加和客户接触的机会，时机成熟后开始慢慢地向客户介绍并坦明自己。这样一来“自我明示的回报性”就会起作用，对方向自己敞开心扉的可能性就会变高。比如说如果是我的话，估计我的自我明示大概会是下述这种感觉。

“我名叫横山信弘。昭和44年（1969年）出生在名古屋。因为各种原因，我没能上大学。24岁开始的3年时间我是青年海外协助队的成员，在中北美的一个叫危地马拉的国家参与了各项志愿者活动，志愿者是我一生的职业。如今（2011年），我有一个七岁的儿子和四岁的女儿，我的周末几乎都是和家人一起度过。”

像这样跟客户“自我明示”的话，对方对你的印象会有很大的变化。交流的对象向自己摊开将很多个人的事情进行自我明示，这是一件冲击力非常强的事情。客户对于营业员的个人信息之前是一片空白的，听了营业员的自我说明后，就会联想起自己过去的经验，然后大脑就会在无意识的状态下开始思考。

“啊，原来这个人之前是做志愿者的。这么说我当年也想参加青年海外协力队来着。”

“他出生在名古屋啊，这么说起来我学生时代也在名古屋住了3年啊。”

“我和他一样也是职业学校毕业，没有上过大学。”

“我认识的人里面也有像他一样做志愿者工作的。他有两个孩子，怎么做到一边工作一边兼顾家庭呢？”

“在研讨会上听横山先生说话，总是为他的热情折服，不过他的周末多数还是和家人一起度过，这么说还是一个很普通的人啊。”

就像这样，一些关键词在无意识的状态下被串联起来，客户会觉得“没想到这个人和我有这么多相通的地方”，然后会自然而然对营业员产生亲近感。

也有可能对对方来说能拉近距离的关键词比较少，不过没关系，在自我介绍中列举出10个关键词出来，对方只要对其中一点感兴趣或者产生共鸣即可。有个说法叫“选择性认知”，是说每个人在认知的过程中会根据自己的经验和背景选择性地接收信息，然后对有关联的地方表现出关心和期待。所以，举10个关键词出来，对方会自动寻找和自己的共同点。

说到这里，我希望大家能记住一件事情，那就是“艾宾浩斯遗忘曲线”。

赫尔曼艾宾浩斯是一位德国实验心理学家，他曾做过一个实验，看人能记住多少没有意义的音节。结果发现，人在20分钟后就会将一件事的42%忘掉，一个小时后忘掉56%，一天之后74%都被忘记了，一周之后忘记77%，一个月后79%都被忘掉了。请注意这个关键点，仅仅过了一天，一件事的70%以上都被忘记了。

有时候我们会在办公司看见上司对下属发火："要我说多少次你才能明白！"，其实下属真的就是单纯地忘记了而已。感叹下属"当事者意识不够"也无济于事。虽然人和人之间有差别，不过人类都是会忘记的生物。因此遇到下属的表现不如意时，不要觉得有压力，再多说一次就行。

同样，针对客户也是这样。不管你多么具体详细地介绍了自己的商品，客户还是会忘记。不要觉得自己都记得清清楚楚对方也一定记得，说不定对方早就忘记了。而且想想只过了一天70%都被忘记了，如果不是给对方带来了极大的冲击力，估计即使每个月都跟客户介绍一次自己的商品，对方还是不会下订单，因为你说的话对方都忘记了。

"这个月我又新拜访了50家客户。"

"结果怎样呢？"

"嗯，不好，没有出成效。客户的反应不大。没有一家客户事后联络我了。"

"那是不是你拜访的一连串客户有问题，还是说你没有把我们产品的要点正确转达给对方啊？”

“嗯，我明白了，我再好好分析一下。”

上面这段上司和下属之前的对话我们经常听到。但是，针对这样的问题我想说，仅仅只拜访了一次客户就期待能收到成效，这也太不现实了。其实根本没有必要再去分析自己拜访的客户单是不是有问题。一家公司拜访10次，其中2次左右用引导客户的心态去应对。为了达到访问10次的目标而大量行动。正是因为很多人没有大量行动，才会想去分析是不是自己拜访的客户对象有问题。

另外，我们说的“冲击力”，绝对不是一种“理论”而是“感受”。在营业工作中，你可以将“理论”理解为商品的种类、QCD（品质、价格、交期）。而“感觉”就是商品上附加的感觉信息。而这种感觉里面最为重要的是推荐商品的人的“品格”。如果是值得信赖的人推荐的商品，客户就会没有理由地自然动心。

由此看来，可以说“介绍”的途径很重要，值得信赖的人介绍的话，给客户的冲击力大，也很有效果。如我在前文提到的赫尔曼艾宾浩斯遗忘曲线证明的那样，理论会被人逐渐忘记，因此给对方的字面信息都会很快被遗忘。但是给对方的印象和感觉却不会轻易被遗忘，因此印象和感觉成为左右业务的重要因素。

当对方对商品本身感兴趣，将焦点放在商品上的时候，理论才会变得重要。也就是说只有当对方的脑子里有空白的时候，用理论数据和信息将空白区域填满即可。在和客户搞好关系保持步调一致的过程中，抛开工作单纯发展人和人之间基本的交流关系很重要。不过，我上面介绍的自我明示并不是拜访客户一两回就能做到的。而是通过多次去拜访客户，闲谈一些兴趣爱好的问题，周末都怎么过等话题的过程中，一点点地让对方了解自己，记住自己的名字。

去拜访客户了话题素材自然就出来了

不去拜访客户的借口中，被用得最多的就是“没有话题素材”。有人说“没有话题素材，去了客户那也不知道干什么，所以我去不了。”我认为这样的说法是完全错误的。并不是没有话题素材所以去不了客户那里，而是因为没有拜访客户，所以找不到话题素材。请记住，人在见面之后自然会找到话题。对方的“脸”会影响人类的感觉，且面部表情能传达出相当多的信息。事实上，面部是非常有冲击力的信息聚集地。

大家都知道目前席卷全世界的社交网站Face book。Face book的face正是指人的脸。在Face book上实名登录，并且添加本人头像的人发布的信息通常会给周围的人带来很大的影响。据说以突尼斯、埃及为代表的中东地处的动乱正是将Face book作为发动民众的工具大加利用。即使没有实际见面，但是通过对方的照片以及对对方人格的不断了解和接触，就能使对方参与行动。用超过想象的速度将人与人连接在一起发展大规模的运动，这正是“单纯接触效果”和“自我明示效果”的威力。

我说过人类在看到对方的脸之后就能想到话题。因为大家自然而然有一种需要去找话说的义务感。也就是因为大家都知道这一点，有时候会去利用自己不在的理由解决问题。如果见面的话就很难跟对方说“我现在太忙了，改天再说吧”，所以通常遇到有人突然拜访，自己又不方便的时候，人们通常会让别人转达“拜托跟对方说我现在不在”。

其实我们在公司内部也能发现这样的现象，如果在电梯里遇见谁，不管是不是关系密切的人，总会有一方先寻找话题开口搭话。也有可能就是这样一个契机，发展到后来一起去喝酒、一起工作的情况也并不少见。

为什么说营业人员不能总待在公司里呢？那是因为待在公司内部和很多人见面的话会被很多人搭话。很多事情都是如果不在公司的话也就算了，在公司的话就极有可能被拜托做很多事情。有人会找到你：“不好意思，你能帮我……吗？”，有时甚至不得不参加预订外的会议。

不过最大的问题还是，不觉得在公司内被人拜托各种事情是问题，而是去肯定这样的事实。谁都想强硬地主张“虽然是预定外的事情，但这些事情都有相应的意义！”如果不在公司的话，什么事情都没有，在公司的话反而工作量猛增。如果做了预定外的工作被领导批评了的话，当事者往往会反抗说“这有什么问题？”“为什么这样做不好？”。做完的事情被批评的话，就会去用后编的理论来自我肯定。因此，最好的办法就是从一开始就不要总待在公司。

话转回来。话题素材就是营业人员本人。我也反复强调了，不是没有素材所以不去客户那里，而是到了客户那里后才会发现素材。只有更加提高工作效率才能挤得出去拜访客户的时间，这个观念也是错误的。就是通过强挤出去客户那里的时间，结果提高了工作效率。同理，如果不了解更多的产品知识到了客户那里也不知道说什么的想法也不对，正是通过和客户的不断交流才不断地掌握了更多的产品知识。这些都是完全相反的思维方式。

说一千道一万，首先要做的就是走出公司，去拜访客户。然后就一门心思地反复拜访。因为有的地方还没有准备好，所以虽然想去客户那里但是去不了的借口是行不通的。从“如果，假如”的思维习惯里解放出来吧！大胆地去行动。不管你多么亲切地向客户说明商品，客户也记不住商品的型号和卖点。不管是多好的商品，当客户想“这件事该拜托给谁呢？”的时候想不起你的名字的话也不会下订单购买。

大脑是一个“刺激——反应模型”。客户的大脑会因为某个契机产生“反应”。具体点举例，在客户公司内有人提起相关的话题，或者觉得应该开始思考某个问题的时候，这些都有可能成为客户想起被推荐过的产品的契机。但是，通常这个时候大脑里反映出来的，不是曾经听过的关于商品的“理论”而是“感觉”。虽然不记得商品的技能和型号了，但是能在瞬间想起对介绍过该商品的营业人员的感觉和印象。

如果这时候客户能想起你主动给你打电话询问“你之前跟我说过的某某商品，我还想具体跟你谈谈”的话，那就再好不过了，不过这样的好事发生的概率并不高。如果客户能主动联系你的话，说明你真的非常幸运。这时候请务必尽速对应，因为这样的好事不常有。通常状况下，即使客户的大脑产生了相应的反应，客户的想法也不一定能够清晰明了地直接传到你的耳朵里。因此，营业人员需要经常到客户那里去。定期去拜访的话，客户也就能想起：“啊，这么说来你来得正好，你之前跟我说的那个产品，我这边有新进展……”。要知道，客户这样的一句话并非偶然，是营业人员通过多次拜访，在逐渐将客户大脑内部系统改写的营业的功绩。

持续不断地给客户的大脑带来刺激的话，自己提及的信息就能逐渐变成会被客户大脑中的检索引擎检索到的内容。这就是“信赖关系”。

“任务→预约”两个步骤，让你掌握主动权

想让团队成为“飓风型”团队的话，促进计划营业这项工作是必不可少的。有计划地去推进营业工作能掌握主动权，自己来操控周围的事情。而一味地被周围的事牵着团团转的话，就不可能组建起“飓风型”团队。下面我就向大家介绍实现计划营业的技巧。

一项工作可以被大致切分为“任务”和“预定”两部分。所谓任务，即什么时候实施还不确定，但必定是需要做的工作。而预定，指的就是难以根据自己个人的时间来控制安排，比如和客户碰头，公司内部会议等被放到日程里的工作。要想有计划地推进营业活动的话，就需要按照按“任务→预定”的顺序来调度工作。

说到这里，可能有很多人会认为这个顺序是反的。针对这样的怀疑，我要说，不，必须按照这个顺序来制定行动计划。举个例子，自己设定的KPI就是任务。拜访100次客户是目标，“具体什么时候实施没有定，但总归是不得不完成的工作”。将月间访问客户次数的KPI设定为100，如果是不做具体计划想着总之拜访100次就行，顺其自然漫不经心地去推进的话，就极

有可能到了月底发现才拜访了70家，于是最后几天加班加点地赶着完成100件的任务。像这样缺乏计划性地去做营业活动的话，只会让压力越来越大，且不会做出来任何成效。因为看不到成效，有的人就会开始说："只是一味地提高行动量追求访问件数没有任何意义。"没有计划的营业，工作会非常累。要想在行动量大幅增加的同时有计划地推进营业工作，就需要进行一定的逆向思维。

逆向思维：
从填补“空白”活动阶段开始调度日程

最应该优先做的事情就是营造“白地”。首先要播种、浇水和施肥。如果以太忙为借口，不做到营造“白地”的前期工作的话，之后也不可能开出花来。营造“白地”作为营业的义务，是必须要做的事情。

从“白地”活动阶段开始就应该学会调度日程。在日程表里不断添加上该做的事情。要想高效地完成一项工作，就需要连续多次做同样的工作，提高熟练度，进而提高效率。因此，从早上一早开始到下午下班前，拜访客户的时间都需要确保。然后在空余的时间里放置“预定”即那些不容易因自己的日程而调整的工作。

制定好日程后，可能会有客户联络“我希望你这个时间能来我这里一趟”“这一天的日程能不能调整一下”。像这样的工作就归类为“预定”。但是，请注意归类为“任务”的工作优先顺序更高，当客户提出调整日程的依赖时，营业人员应该做的是保持和客户对话的节奏，循序渐进地和客户交涉。

你可以告诉客户：“实在不好意思，那天的话，我只有这个时间段是空着的，你看这个时间行不行？”如果听你的调整方案对方能接受的话那就再好不过了。不过如果对方坚持说“不好意思，我这里只有这个时间可以，拜托你调整一下”的话，就需要营业人员一点演技了，“好吧，我明白了，我这边尽量想办法吧。”像这样，语气中透漏着自己的为难。向对方传达出“实际上我是对应不了的，但是我尽力”的微妙情绪。

这样一来，“回报性原理”就开始发挥作用的，那便是“让步的回报性”。因为营业人员这边已经做出了让步，对方也会产生一种是不是应该让一步的情绪。“实在不好意思啊，给你提出这么无理的要求。”“不不，您别这么说。这次……是的，我一定会尽量想办法调整日程的。”总之，作为营业一定要掌握主动权，不然就没有话语权了。而要想掌握主动权，平时就要注意和对方保持步调一致，建立起信赖关系。

如果一个客户最初就开始提一些无意识的要求，而营业人员每次都言听计从的话，长此以往客户和营业人员本身都会被“驯化”即适应了习惯了。这种“驯化”称为“刺激驯化”，具体点说就是当一种刺激反复发生的话，人对这种刺激的反应就会越来越迟钝。

除了调整日程，在价格交涉，对商品型号的要求等方面，客户也可能提出变更或调整的要求，有严重的甚至会在签完合同之后提出变更商品式样的要求，更有甚者要求在不平等条件下采购。为什么客户什么无理要求都敢提，是因为他觉得“这个营业人员无论我提出怎样的要求他都会尽力对应”。有这样的想法也是由过去的经验“冲击×次数”逐渐积淀起来的程序在客户的大脑中定了型，从而引起了现在一系列地“悲剧”。

因此，我强调，一定要从小事开始掌握主动权。让对方多说几次“不好意思，实在抱歉”是很重要的。“任何时候日程都能空出来”的营业人员必然会被客户看轻。到后来对对方的话都言听计从，沦为客户眼里的“怎样都行”的营业人员的话，是不可能实现计划营业的。

言归正传，将“任务”的工作重新安排上合理的日程的话，那些没用的公司内活动也会随之消失。即使是遇到紧急会议也有底气说：“今天因为××事情，我需要到客户那里去一趟。这个会我真的必须参加吗？”突然被别人拜托要做资料的时候，也能反驳一句：“这个真的非我做不可吗？”总之，有了自己的计划和优先顺序后，你就有了主心骨，有了明确的判断力，知道什么该做什么可以缓缓，掌握主动权，实现计划营业。

在“白地”和“着手落实”上花的精力比为8：2!

在负责咨询工作的公司和营业人员一起去拜访客户的时候，首先有很多人会询问我“拜访客户的方式方法”。前文我也多次提到，连续做类似的工作的话，工作的效率能得到提高，而且工作的品质也会得到提升。因此，要想知道什么样的客户拜访方式比较好，首先就是要多去拜访。

但是，如下一页的“微风型”营业团队的图所示，有的营业人员去了一家客户后返回公司，然后再去另外一家客户处后再回公司。对这样的营业人员，我想说即使是客户给你提了一些要求让你对应，只要不是特别紧急的话，你可以和客户商量可不可以稍后解决，而不是马上回公司对应。

如136页下半部分的图所示，拜访客户的路线最好设定为“一笔画”的形式。因此，制作活动计划的时候，应该先找出一个不得不去的客户（即“预定”）作为基准点，然后顺便把周围的客户都一并拜访了。但是，如果不得不去的客户分布得太集中，那么就很难制定出灵活的活动计划。因此，将不得不去的客户根据地区分散开是必要的。如果同一天要去距离很远的两家必须去的客户那里的话，在移动上就会花掉很多时间，难以达成KPI目标。一个月有2到3次这样的情况也行，不过请注意设定计划的时候务必考虑“白地”和“着手落实”的分配比例应该是8：2。

在制定计划这一点上，营业人员绝对不应该轻视。有的营业人员在做过去的报告资料上下很大的功夫，但是对之后的行动计划却漫不经心。要知道“飓风型”营业团队的做事方法是完全相反的，他们更重视的是未来的计划。

在拜访客户的时候提醒大家一点，如果有能见其他部署成员的机会的话，一定不要错过这样的机会。即便是只打了个照面也行，也可以作为1件KPI。“唉，这也能算KPI？”估计有的人会有这样的疑问了。我的回答是“当然可以”。我不会要求凡是没有和客户促膝长谈的都不能算进KPI，即使只是简单地问候一下也行，“正好经过附近所以顺便过来拜访一下”也行。

我认为做营业不是需要去把“点”放大，而是多占据几个点然后向面发展。有的人看一本书需要60分钟。看书的时间越长，人的集中力就越弱，越容易分心。因此，花10分钟浏览一下书，然后反复看6次的方法更容易在脑子里留下印象。最近市面上多了很多介绍这种方法的书。这种方法和我说了多占据几个点然后向面扩展的道理是一样的。

“微风型”团队的日程表例子

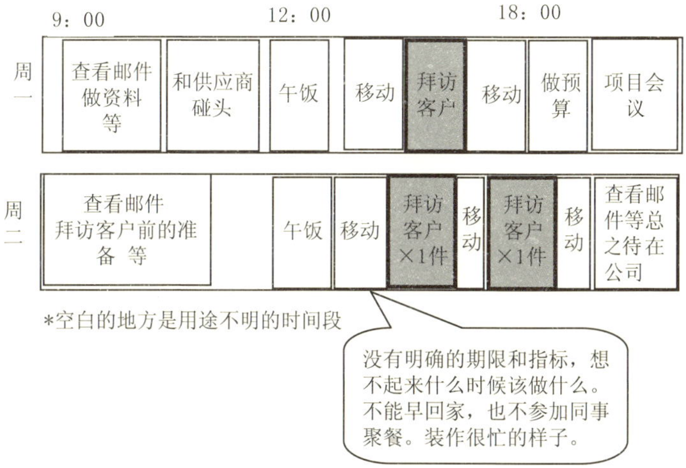

“微风型”团队的行动

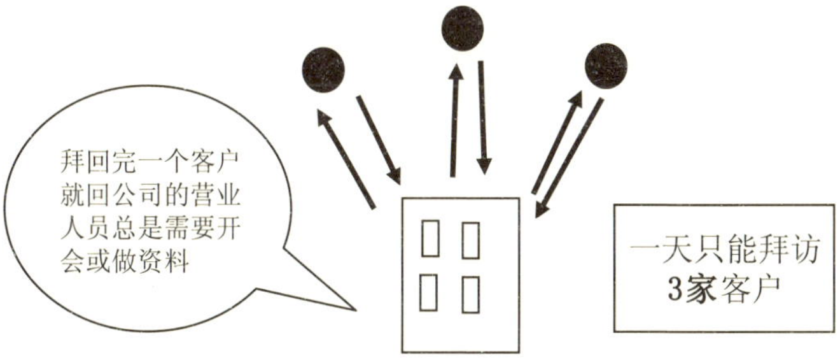

如果按这样的方式工作，
“白地”是无法增加的

“飓风型”团队的日程表例子

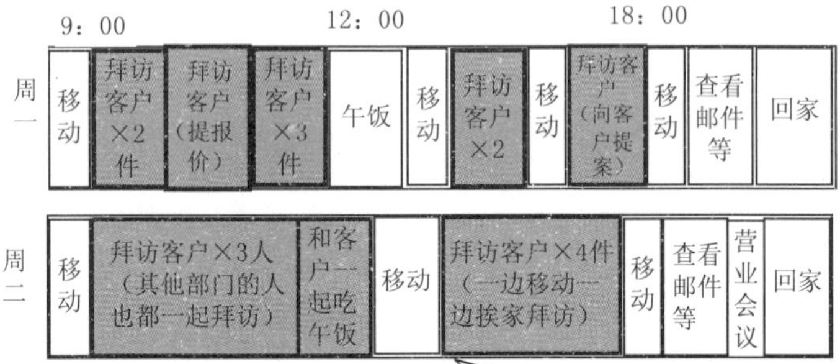

*空白的地方是用途不明的时间段

该完成的任务最优先！行动计划排得满满的，都做完了就回家。因为不待在公司里，所以很少需要做公司内的杂事。整体工作有张有弛。

“飓风型”团队的行动

重要客户的周边也要有计划地去拜访！

“在客户公司内装作遇到困难的 KPI”是有效的

在前几章节我介绍过，看到“脸”的话，话题就会自然冒出来。而通常拜访客户20次，其中有1次能够成为有益的商业洽谈。按照这两个前提，营业人员应该做的就是尽量提高拜访客户的次数，且每次都和对方面对面地交谈。

我以前设定过“在客户公司内装作遇到困难的KPI”，也在我负责咨询的公司全体营业人员里推行过，并要求大家把这个KPI目标锁定下来。“一个月有10次在拜访的那家客户公司里装作遇到困难，记住是10次，请大家锁定下来。”的感觉。

我并不是在跟大家开玩笑。去一家大公司或者工地、很大的工厂、医院、公共设施的话，在和客户洽谈完后也行，用该公司前台的内线电话等方式把要找的关键人物叫出来。电话接通后找个理由攀谈“实在不好意思，我迷路了，去A栋怎么走呢？”这样一问，对方可能就会说：“啊，这样啊，你等一下，我去你那里。”然后就出来见你了，这样也算是一次接触，可以记入KPI。在对方引导你去A栋期间，可能就会有这样的话题出现“这么说来，你上次给我的报价，我们内部还在探讨，暂时还没有结果，你再等一等吧。”“我前几天看了你们公司的主页，你们是准备开展会是吧？”

看到对方的脸的话，脑子里会出现一些空白，人就会本能地去找话题来填补这片空白。因此多制造见面的机会，对营业来说绝对是有益的。除了我上面介绍的装作遇到困难的小技巧以外，提高KPI的方法只要你肯下功夫去想还有很多，不知道在你的职场大家都是怎么去设定的。先不说我介绍的小技巧是否正确，在团队里建立起可以让各种新点子层出不穷，且积极接受新创意的风气是尤为重要的。

大量行动的“飓风型”团队和行动量少的“微风型”团队相比，哪一个团队的劳动时间更少呢？通常安家会认为是“微风型”团队，但事实正好相反正确答案是“飓风型”团队。当一个团队发展为能大量行动的“飓风型”团队后，那些没有用的工作就自然而然地被踢了出去。团队整体都自主地创新改善，因此虽然行动量大幅度提升了，大家的加班时间反而都少了。关于这一点，我会在下一章详细说明，敬请期待。

Part 5

通过“取消”“委任”“缩短”一口气改善营业业务！

营业日报完全没必要

让“营业会议”“资料管理”锐减！让“营业日报消失”！

为了让营业行动急剧增多，到目前为止对时间的使用方法的检讨以及改善是不可或缺的，这其中的顺序也很重要。具体顺序非常简单。那就是“大量行动”，仅此而已。不是将行动量提升20%或30%，而是提高到之前的3倍、4倍的水准，这样一来，其他问题都能随之解决了。

举个例子，如果让每月拜访客户50件的营业人员将拜访客户的数量增加到70件的话，几乎不会带来什么变化。只会无形中加大了压力，招来下属“我明明做到了，可却什么结果都没有”的抱怨。因为如果只是让行动有略微改变的话，通常下属都会在目前为止工作的方式的延长线去完成工作，这样的做法是没法摆脱“维持现状的先入之见”的。也无法进行业务改善。

而如果是下定决心采取大量行动，成为“飓风型”的团队的话，那些没有用的工作自然会被吹走。因为当采取大量行动的时候，营业人员们会忙得连考虑哪些工作没有必要或需要取舍的闲暇时间都没有。“因为没有时间做，所以不得不放弃一些工作。结果后来发现没有做这些工作也不会有什么问题发生”。这样就对了，在不经意间就收获了想要的结果。如果一心想要用理论去解决的话，反而会变得不太顺利。

我在进入咨询现场时，首先会做的就是要求营业人员们设定KPI养成大量行动的习惯。如果有对工作业务改善的相关咨询的话也我会对应，但是在一开始时我不会主动去干涉。因为我知道，对营业人员来说如果自己到目前为止多年做过来的业务被一个刚来的陌生人指指点点的话，一定找各种各样的理由去开脱，而不是去思考如何改变。最重要的一点是，要让营业人员做到自己主动地去想一些关于工作的创意功夫，去自我改善。并不是因为任何人的指示，而是营业人员自己想出来的对策的话，就一定会采取积极态度去应对。

大量行动能够甩走不必要的工作。有趣的是，这些没用的工作无论是在哪个行业多大规模的公司都存在。实施大量行动后，首先，“营业会议”“资料管理”这样的工作会锐减，然后“营业日报”也没有了。“公司内杂务”都让助手或营业部以外的部门去承担。这也就是为什么行动量大幅提升了而加班时间不会增加的原因。

再进一步，如果在大量行动的过程中看到了不能再增加行动量的临界点的话，就需要用“取消”“委任”“缩短”这几点结合起来去进行改善。首先要思考“取消什么”，其次是

“委任什么”，最后是“缩短什么”，按照这样的顺序去一步步改善。“委托什么”与“缩短什么”会因为每个人的营业模式、业务内容的不同而有所差异，不过需要被“取消的业务”在任何一个团队或公司都存在着相似之处。

接下来我会按顺序向大家介绍需要被“取消的业务”的各种候选业务。

在会议上禁止说“过去”，我们只谈未来

首先需要被取消掉的就是那些毫无意义的会议。

估计大部分营业人员都有时会因为“XX先生拿到了一份不错的案件，想和大家分享一下”“在公司的管理会议上有些内容需要向大家传达”等原因被叫去参加会议。然而在我看来，直截了当地说，这样的会议完全没必要。在这个信息高度发达的时代里根本没必要口头传达这些内容，用邮件或者揭示板的形式就足够了。

有的管理者会找借口说：“我们公司的员工不会逐一去仔细阅读那些资料，所以需要开会”。对于这样的观点，我想说下属不看资料是因为管理规章制度没有彻底贯彻。只要对员工们强调“务必仔细阅读分发的资料”就可以了。如果连这种最低限度的规章制度都无法遵守的话，那你的下属真的是无可救药了。

我认为，信息共享并不需要让大家齐聚一堂，口头传达。从前文中提到的赫尔曼·艾宾浩斯的遗忘曲线中可以清楚地知道，即使是口头传达了信息实施了信息共享，到最后大家还是什么都不记得。有时候能听到管理者这样的叹息：“明明

都和XX君说的很清楚了，怎么会反复犯同样的错误呢？”其实原因很单纯，就是因为下属忘了你说过的话。或者是因为选择性认知的原因，下属的脑子里只记住了自己想记住的事，没有记住管理者说过的话。

在会议中，最重要的是，不是分享已经成为过去的信息，而是去考虑未来的事，思考今后的计划该“如何去做”，并且积极得参与进去。只要没有这样的思考与参与，行动就不会发生改变，自然也就无法达成目标预算。如果真有必要去分享信息，那么就需要导入知识管理系统。

利用会议的形式去做那种半吊子的信息共享的话，会让管理者自以为自己干得不错。一旦衍生出管理者认为自己“实现了自我职责”这种错觉的话，问题就大了。

排除“顺带的参加者”

研究证明，当与会者是5人~10人一下时，会议更有效率。据说管理者能直接管理的下属的人数，也就是Span of Control（管理宽度的原则）是5人~7人。会议也应该按照这个原则将人数控制在大致这种程度去实施。如果自己的部下有5个人的话，就请只叫上这5个人开会。有的时候会出现这样的状况“这件事让你知道一下会比较好，你也一起来参加吧”“这个问题和某某部门也有关系，所以也叫XX主任来吧”。像这样，有时候有的管理者会增加会议的“顺带参加者”，而我认为管理者应该尽量避免这样做。

“顺带参加者”增多是因为会议的议题没有集中到一个点上。如果因为好不容易团队开一次会议，想增加会议议题的话，自然会增加这种“顺带的参加者”。就像心理学上“杰尼斯的群体思维”中所描述的那样，人数的增加得越多，这个团队就越容易陷入“群体无作为状态”。随着群体规模的扩大，群体中的个体就越难表达出自己的意见。当然也有无论多大场合都能表达自己看法的员工，但那毕竟是少数，而且每次都是那么几个相同的人，而如果部下们没有反馈出什么意见，管理者就会误以为“大家都同意了”。

举个具体的例子。如果管理者在开会时对员工们说：“作为公司方针，这期打算主打这款产品。大家有什么意见吗？没有是吧。就这样可以吧。那么就拜托各位了。如果有什么问题的话可以随时找我。”可是，一个月之后当管理者询问部下案件推进状况时，却发现谁都没有在推进。“等等，一个月前在会议上不是和你们提起过吗，当时在场的人不是没有反对的吗？为什么结果却是没有任何一个人去推进，这是怎么一回事！”即使管理者怒发冲冠也是无济于事的。而部下们只能在私下里喃喃道“话虽如此，但是当时那种状况下我们怎么可能说得出自己的意见啊”。

因此，让我们结束这种“1对N的沟通模式吧”。在发邮件时，有人习惯性地在CC栏中添加很多收件人，这也是一种“1对N的沟通模式”。对象人数越多，接收人的关心度就越低，带来的影响自然就越弱。所以，“1对N的沟通模式”需要认真去对待，最好是面对面的交流。可是，最近的管理者都不怎么直接和下属交流。因为管理者会担心如果下属说出了与自己不同看法的话，自己应该怎么去处理。其实归根结底是因为管理者自身的抗压能力太低。

总是有管理者抱怨“怎么没有一个人发表个人看法呢”，对于这样的管理者我倒是想质问一下，你真的想让他们发表个人看法吗？我之前在某个公司做咨询服务时，让所有的营业担当们都畅所欲言，结果公司管理层对此种做法倒是颇为苦恼。“喂！喂！让你们发表个人意见给我想好了再说！明明什么都不知道还说那种不负责任的话公司管理层会很为难的”，更有甚者会反驳说“我说的话就那么不中听吗？”这就是所谓的确信犯。事实上管理者根本不想听其他人表达意见，希望大家都按照自己说的办就可以了，正因为管理者内心这样想，才会故意在大家难以说出自己意见的会议上进行信息传达。

如果真想在沟通中听到想要得到的意见看法，最好就以两三人为单位。或者是以逐一的方式去和下属交流。开会的时候总是单方面的去表达自己的想法，其他参与会议的人如果没有什么意见看法的话，会后就开始抱怨“最近的年轻人怎么这样呢……”，我希望所有管理者都能改变这个坏习惯。将与下属的交流换成“1对1的沟通模式”。

为了不增加“顺带的参加者”的人数，最好也不要使用电视会议这种模式。因为电视会议的模式让参加会议的人们在不知不觉中产生出一种疏远的感觉，最终导致很多与会者什么都没有说会议就结束了。在电视的另一端，偷偷查看邮件的，做资料的人也并不罕见。

再退回我原本的观点，其实并没有必要开什么所谓的信息传达会议。如果非有必要传达公司决策的话，即使花上一些经费最好还是把大家召集在一起，面对面得交流效果会更好。导入电视会议系统，确实有一些优点，但是相比优点“会议变多”这个缺点更加突出，因此我完全不建议大家开电视会议。

从“会议决策”到所有营业人员都不在公司的转变

这是一个关于东证一部上市的IT企业的案例。这个公司的会议很多，且多数会议时间都很长。参加人数众多，为了团队会议把各个分公司的干部都聚集起来。因此，不管什么时候给这个公司打电话找本部长、部长甚至课长都找不到人，因为大家一整天都在开会。员工们为了参加会议而移动，为了参加会议而出差，所有的出差经费都用在参加会议上。

因为部长的突发奇想，有时也会让与会者在会议现场制作资料。也许是因为大家都习以为常的原因吧，参加会议的人都会自觉地带上电脑去会议室，但是大家都在查看邮件什么的，不怎么认真听部长讲话。

相比拜访客户这家公司更优先开会，为了开会会在事前开小型碰头会，为了小型碰头会去做资料。仅仅是为了会议顺利进行大家都需要做大量的准备，回头查看一天的行动，结果发现那些中间的管理层员工整天都在为了毫无意义的工作而忙碌。会议结束后，将会议内容整理成文字材料，再发给所有与会者，这基本上成为了营业部新人的固定工作。我看了营业部新人的日程安排时简直震惊了。一周内一半时间都是被处理事务与会议所占用。

针对这家公司的状况，我让所有人都设定了拜访客户的KPI，课长就不用说了，就连部长也需要设定。因为只要上司在公司，大家就会不停地开会或者准备与会议相关的事。让大家设定完KPI开始行动之后，随着KPI值的逐渐增加，大家开始完全顾不上去参加会议和制作资料了。而会议一减少，下属和上司之间的实时沟通马上就增多了。因为部长、课长也是外出移动比较多，所以大家多以电话的方式进行工作的“报告、联络、商谈”，这样一来那些没用的工作都被甩了出去。

因为是东证一部的上市公司，所以之前客户主动来公司的情况也很多，但是因为营业人员都在外，所以公司规定以前主动来公司的客户也都换成营业人员去该公司拜访的形式。这样一来，营业部的全体员工就在公司内部消失了，全部都活跃在公司外。8个月后，发展为只有总务等一般职务的员工会在公司内部，其他员工都不在，会议室的照明，空调开关都没有打开。因为原本就有很多个人能力出众的营业人员，所以只是通过增加行动量，营业团队就创造出了令人难以置信数量的“预材”。

如果不能把资料制作的十分完美的话，那么干脆就不要做了

营业要尽可能减少公司内部的工作。在办公室内因为每人一台电脑，导致了不停做资料的人增加了很多。但是，我之前也说过，其实资料什么的全都不需要。因为如果要制作资料的话就不能出去拜访客户了。即使是拿着移动设备出去了，结果却在哪个咖啡店做资料的话结果也是一样的没有时间拜访客户。除了那些非做不可的资料以外，其余的可以全部废止掉。或者是找人代做。总之不可以出现例外，一旦有一次例外，下一次就容易动摇。“自己最清楚不过了，所以还是自己亲自做最快吧”或者“自己做出来的才是最准确的”，这样的认死理的思维方式可是不可取的。制作资料的速度与质量固然重要，但是把那些时间分配到拜访客户上会更加合理。没有什么能取代拜访客户取得订单的重要地位。

在做一些管理上的重要资料时也有需要注意的地方。那就是从资料的实际用途来倒推资料该如何去做。资料的作用就是PDCA管理循环中的“C”，也就是检证阶段。建立计划，把计划实施的结果总结到资料上，用资料去进行检证，进而去思考改善方法。所以，如果不去检证行动结果的话，就没有必要去制作资料。

我想你一定遇到过这样的情况，开会的时候会有一些资料是每次都发，但是基本都没什么人去看的资料。同样，虽然事先说“大家先看看这份资料”，结果却没有根据这份资料去进行讨论的情况也存在。像这样的资料就完全没有必要去做，应该全部废止。

另外，管理资料要做的话就一定要做到最好。这也是“做实做到底”的习惯。无论制作了多么了不起的资料，只要不能达到部门全体都能完美做到的程度，就是毫无意义的。要是有10个项目的话，那就所有人都做出10分资料。也许有人会觉得这是理所当然的，但是还是有很多公司做不到这一点。10个项目中下属只提交其中两三个的项目资料、数字搞错了、没有反应出管理者真正的意图的资料比比皆是。而这些漏洞百出的资料都能通过上司的审核通常是因为大家在会议上用口头进行补充说明。但是有时候资料水平过低，会议就完全达不到本来的目的，成了一个确认并修改随随便便做出来的资料的场合。

“XX君，你这个数字搞错了啊。这是怎么搞的？”

“对不起，这是我确认的不够。下次一定认真做。”

“这个地方明明上次开会纠正过，怎么还没有更新呢？”

“哦，这一点我打算口头补充的……”

做出来的资料随随便便，说明这个人做什么事都随随便便。也就是说，营业活动的整个过程也是随随便便的，在会议上说的自己的意见自然也是随随便便的。因此，要想改变一个营业人员的做事态度，就必须要求他从做资料开始就做到完美。

我也能理解不可能让营业人员去拼命地做资料。营业的工作就是去拜访客户，完成目标预算，而并不是在公司里制作资料。营业人员没有财务、总务、管理部门那样做出漂亮的资料习惯，尽管如此，也一定要把该做的资料做到完美。不能做到最好的话，那就干脆不要做了。把这一点设定成规定，那些没有必要的资料，可有可无的资料就会被逐渐淘汰掉。只留下那些有用的资料，将资料本身的内容也做到最合适。

不过话又说回来，我前面也提到了，归根结底是不应该让营业人员去做资料的。为了做资料会把营业人员约束在公司里，没办法出去拜访客户，自然就无法完成目标预算，这样简直就是本末倒置。有一些过分的企业，每到月末、期末，就让营业经理放着本应该做的工作不做，只是做那些数字上的确认。这简直就是毫无道理的事。

虽然不能要求大家“不要回首过去”，但是与过去的报告相比更重要的是“未来的计划”和“未来的行动”。只注重回首过去的话，不管怎么样都会变得消极。要想掌握“积极向前看”的思维模式，就需要把关注的焦点放在未来的行动上。

而做资料这种工作，交给更专业的财务和总务的人就可以了。财务与总务的人当然也会有“维持现状的先入之见”，最初可能也会说“那不是营业的工作吗，为什么要我们做”。这时候绝对不能因为这样的话就退缩，需要跟对方说明原因和背景，说服对方。

要打造“飓风型”的团队，要想达成目标预算，必须把整个团队团结起来。营业部门的人在拼命地改变。而财务、总务和管理本部还是维持原来那种工作方式的话是行不通的。必须让公司整体发生改变。相信如果营业能把这个道理讲给财务、总务的人听，他们就应该会给予理解并做出完美的资料。如果营业没有办法说服财务、总务的话，那就只能自己把资料做到完美了。因为如果资料做得不够好，就无法做好C的环节，让PDCA管理循环正常运转。

应该把营业日报“全面废除”的理由

营业日报100%没有必要。为什么这么说呢，因为即使管理者每天都看那些营业日报也还是不知道要怎么做才能完成目标预算。如果是制造部或者物流部的话，“今天需要制造出这些产品”“需要把什么东西运到哪里”等，每天都有这样具体的目标。这些指标能不能达成，在这过程中有没有能够改善的地方通过日报来反映是很必要的。不过在营业工作中，每天都能达到指标的营业几乎不存在。大多数营业都是以1整年为单位去完成目标的。

尽管如此，当完成一天的工作回到公司后，回想一下今天一天都做了什么，把这些内容敲到电脑里，会有一种完成了今天工作的成就感。营业日报原本只是一个为了辅助完成目标的工具，当需要别人或上司帮助的时候可以反映在营业日报里。可是，可以说绝大多数的企业都没有做到有效利用营业日报。

营业活动与RPG（角色扮演游戏）是一样的。游戏开始时是不知道被囚禁的公主在哪里，最初也不知道要想打倒魔龙需要什么样的武器。所以就开始了旅行。为了填补大脑中的空白，开始行动。途中遇到形形色色的人，获得了些有用的信息，考虑应该往哪去找公主。然后通过与各种各样的敌人战斗提升自己的能力，购买更好的武器或者更换武器，提升等级。因为不知道什么时候会与魔龙对决，怎样做才能打到他，最后会有怎样的结局等着自己都不得而知才会主观能动地行动起来。

营业活动也是一样。因为不知道要怎样做才能完成这一整年的目标预算，所以才会不断地去拜访客户。玩游戏的人会有多少每天都写日报的呢？有那些时间的话，多玩一会儿游戏，或者是早点睡觉不是更好吗？即使不用做日报也会把游戏打通关。同样的道理，即使不写营业日报也能完成目标预算。重要的不是思考今天一天做了什么相比，而是思考为了达到目标预算自己还差些什么。

人类在20分钟时会忘记42%的事，1小时会忘掉56%的事情。一天之中拜访了五六家客户后回到公司，回想今天1天都做了什么，可能有一些事已经想不起来了。营业日报不需要，营业周报就更是不用说了。估计没有人会把1周的时间里都做了些什么记得清清楚楚。为了敷衍而随随便便地做资料、看资料都是在浪费时间。

抛弃或者取消到目前为止的习惯做的事情，是十分困难的。如果感觉到相当吃力的话，我建议不是突然“放弃”，而

完全没有必要做所谓的营业日报

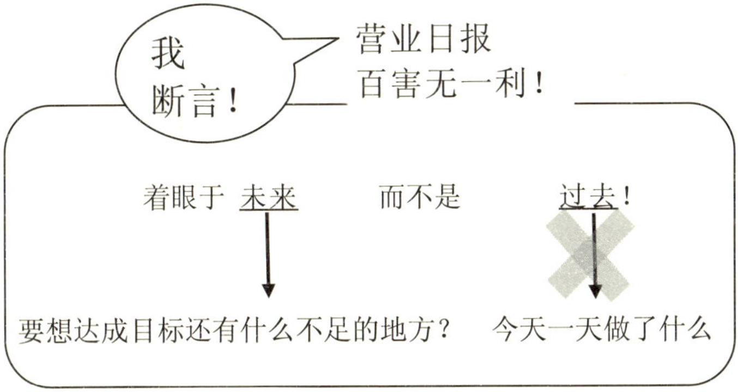

就像玩游戏不用写日报一样，营业人员不写营业日报也能达成目标！

是以一种先“做一次试试看”的态度去尝试。“自从创立以来，营业就一直有写营业日报的规定，要是从现在废除这规定的话，心里还是没底”，要是有这样的犹豫的话，那么首先就中断营业日报3个月试试看。如果三个月还是觉得营业日报有必要的话，那么就再延续下去就可以了。这样做就没什么损失了。

6

Part

从今天开始两周只开一次
30 分钟的会

开会不是“工作”，而是为了达成目标的“工具”

在最后一章，我想针对营业会议说明一些我的观点。

想要将团队组建为能够大量行动，能积累出目标预算两倍“预材”的“飓风型团队”的话，首先管理者需要着手去做的就是会议改革。对于营业管理层来说，营业会议是相当重要的因素。很多管理者为营业会议的推进方式烦恼，不论是什么行业，什么规模的公司都有共通的问题点。

具体的问题点有三个，第一个就是会议的目的不明确、第二个问题是会议上只有报告、第三个问题是会议上定不下来下一步行动计划。也就是说，作为会议的团队者还没有明确会议的目的就召集大家开会，关于会议内容也没思考好，反正就先让参加的人各自报告一下，在没有定下来“具体该怎么做”的情况下，“嗯，就这样吧，那就拜托各位了，如果遇到什么问题随时找我商量”，像这样没有明确的结论，草草了事。

如果管理者这样应对营业会议的话，那营业行动根本得不到改善。管理者的烦恼只会越来越多，管理者的工作是达成目标预算，而不是如何让会议顺利进行。总之，开会不是工作，只是帮助营业人员达成目标的一个工具而已。要想达成目标预算，增加行动量、提高行动速度才是急需解决的问题。

如果行动量和行动速度都能突飞猛进的话，自然而然地那些无理的、没用的、杂乱的工作都会消失。没有意义的会议，没用的资料也都会被淘汰，只留下必要的东西。朝着在尽量短的时间里取得最好结果的目标，将会议的推进方式改善得更为合适。这样一来一个营业团队就能从“微风型”团队转变为“飓风型”团队。

不过在思考如果改善会议之前，首先要做的就是增加行动量，提高行动速度，做到这两点稳固好基础后，再开始着手改善会议进程，这才是正确的流程。

两周只开一次 30 分钟的会

我认为，开会的基本频度为“两周一次，每次30分钟”即可。请按照这个基准来设定会议。如果一个月只开一次会的话“冲击力×次数”的次数太少，而每周都开会的话，次数又会显得太多。另外，如果每次会开一个小时的话，时间稍微偏长，会让人心理上产生一种富余感，容易不集中精力。生理学上说，人做工作时每30分钟会有一个小节点，因此我认为“两周召开一次30分钟的会”是比较妥当的。

如果知道会议必须在30分钟内完成的话，首先那些经常迟到的惯犯们也会注意不迟到。有的人经常开会迟到5分10分的，然后解释说“不好意思，正好手里有点事脱不开身，来晚了”。但是这些人拜访客户是绝对不会迟到的，为什么就是公司内部开会的时候会迟到呢，只是因为他们都养成了公司内部会议不按时参加的坏习惯，觉得一个小时的会晚个十分八分的也无所谓。但是如果把会议设定为30分钟的话，迟到5分10分影响就会很大，于是经常迟到的人也能意识到不应该迟到。

另外，可能有的人会觉得30分钟就得开完会的话，整个会议会很忙很赶。但事实上只要按照正确的顺序去推进，你会发现其实时间并不是想象中那样紧张。一旦决定“30分钟内必须完成会议”的话，参加者的大脑里就会出现一片空白，为了填补空白，参加者们便会不由自主地开始从期限开始倒推，“30分钟内要完成的话什么时间应该做些什么，怎么去做呢？”然后开始行动。

在这里我想补充一句，说是30分钟，但请尽量按照25分钟为目标去推进会议。剩下的5分钟可能会有下一个会的人提前过来，需要交接会议室。25分钟开完会的话，就能保证下面一个会按时开始。

“预期”和“着手落实”不需要讨论

我主张开会的时候大家应该一起研究如何增加“白地”，针对如何改善“白地”的计划进行探讨，而对“预估”以及“着手落实”不需要进行任何讨论。每当我在研讨会上向大家介绍我的这个主张时，来听课的各企业管理者们都会表示非常惊讶和不解。

通常在大家看来，“预估”和“着手落实”绝对是需要一起讨论的，尤其是“着手落实”是大家都想确认的东西，且必定需要在会议上探讨。但是，我认为“预估”和“着手落实”是不需要设定定期报告时间的。

原本营业能动活动的80%都应该用在创造“白地”上。为了和客户建立起信赖关系，需要马不停蹄地奔走在各个客户间，向客户自我明示，提高单纯接触效果，积淀起丰富的“白地”是“绝对达成目标”各个阶段中最为重要的关键阶段。因此，从整体营业活动量来看的话，签订合约之后的跟进工作以及现场的确认跟进、“预估”或“着手落实”等阶段和客户之间的交流必定会变少。如果后期的这些工作占据的时间比例比较高的话，说明营业员需要进一步增加行动量，以扩大“白地”，才能确保80%的时间都用在了创造“白地”上。而我们开会的时候就是需要大家集思广益，探讨如何进一步扩大“白地”。

不管怎么说，会议的议题只有“白地”。用时间轴来表现的话，预估是“过去”，着手落实是“现在”，白地是“未来”。我在前文也说过，没有必要为过去的报告花时间，过去的报告交给财务或者管理部做就行了。在营业会议上，很多公司会进行“实际绩效数字的报告和确认”，但是我认为完全没有这个必要，这样的数字发一封邮件让大家看就行，不需要开会来确认。

而“着手落实”是实时都在运作的一个阶段。如果用定期开会的方式，并且把其他团队成员也都拉进来探讨的话，根本不能得到什么结果。请记住在“着手落实”阶段需要快速传球，重要不是开会而是实时报告交流。如果设定定期会议在会议上反复确认“着手落实”的进展状况的话，下属们就会变得不再积极“报告、联络、商量”。如果有什么需要商量的事情，也会想“在下周的会上报告就行了”，这样极有可能损失了及时沟通的机会。

这么说可能有的人会觉得太夸张。但是，请记住，人是健忘的。今天从客户那里得到一个拜托或者有什么在意的事情，当时可能觉得必须马上解决，但是到了下一周开会的时候，可能连是什么事情都忘到九霄云外了。每天去很多家客户那里拜访的话，势必有数也数不过来的在意的事情。当营业人员把工作的焦点放在目标预算上时，各种各样的信息都会被吸纳进来。估计有很多不是营业人员一个人的能力就能解决的事情。有解决不了的，脑子就会里产生空白，为了填补上空白必定会想和上司商量如何对应解决，这样的情况是应该随时商量报告的，绝对不应该等到下一次开会再说的。

就算是为了培养下属有问题实时沟通的习惯，在会议上也不应该就“预估”和“着手落实”进行探讨。会议上只需要讨论“白地”。只将“白地”作为议题的话，大家就能将焦点放在目标预算上。思考如何达到目标预算，大脑里就会出现一片亟待填满的空白。

“目标是6000万的话，‘预材’就应该是1亿2000万。那么‘预估’为4200万，‘着手落实’为3300万，‘白地’为4500万，对吧？”

“是的，4500万里面，有3500万和同事们商量着积攒出来了。还剩下1000万的‘白地’需要扩大。”

“那该怎么办呢？”

“是啊，我前段时间和企划部商量了一下看能不能针对客户召开一次研讨会。”

“那企划部怎么说？”

“对方说只要部长说OK，就可以在两个月后召开。”

“那么开一次研讨会就能将1000万的‘白地’补上吗？”

“估计单单一次研讨会还不够。不过如果不趁现在把种子播下的话，这期的目标达成就有困难了。”

“是啊，你说得对！”

上面这段对话是营业人员之间就扩大白地进行的探讨。像这样，我认为在营业工作中，重要的是为了“绝对达成”目标，下属们自己都思考了多少，有没有开始行动。如果会议上大家只探讨“白地”的话，下属的大脑会出现空白，为了填补空白大家都会渐渐地开始自发地行动起来。

为什么开会只讨论 PDCA 循环的 A（改善）

有的公司会利用每次开会的时间制定计划，我奉劝大家今后不要再这么做。因为如果开会都让大家思考“该怎么办，做什么样的计划才好”的话，大家各抒己见，结果就是变来变去没有最终结论。而且如果大家总是动摇的话，团队整体会陷入学习性无力状态，提不起做事的干劲。关于计划，只需要在一次会议上将营业战略和行动计划周知大家，告诉大家“我们本季度的行动方针就按这个走了！”即可。没有必要在今后的会议里让大家思考新的计划。

在会议中需要定期实施确认和讨论的是PDCA循环中的“A”，也就是改善。每当意识到需要改善的时候，就把大家召集起来一起讨论。如何将不够的“预材”积攒起来，“白地”虽然增加了但是为何没有体现到实际绩效上，大家一起讨论讨论是不是“白地”的回转率不好，导致“新陈代谢”不到位。像这样通过全员的讨论检证“白地”的内容是否得当，并针对问题实施改善。

然后在这次会议结束到下次会议之前实施“D”环节，即行动。到下次会议开始之前，让下属各自做一份完整的资料，事先进行检证“C”环节。如果将报告和检证全在会议上进行的话，那么开一次会就做不了别的了，得不出任何结论。只进行报告的会议完全是浪费时间。一个人接一个人地报告，时间渐渐就没有了，根本没有时间再去讨论接下来该怎么办。

这样一来，因为没有时间了，管理者通常会说“虽然上半期我们的业绩没有体现出来，但是请今后务必加倍努力，哪怕营业额只提高一块钱也是进步，拜托大家了，我对大家满怀期待”，然后将会议草草收尾。其实这样轻描淡写的一句总结没有任何力度，下属的行动是不会发生任何变化的。

如果不能定下来下一步计划的具体目标和期限的话，下属们就不可能行动起来执行PDCA循环。也正因为如此，开会的时候不是去讨论“C”而是讨论“A”。然后需要明确“从什么时候到什么时候”“谁”在“哪里”做“什么”，做到“大概多少量”，用“什么样的方法”做，并将目标锁定下来。通过制定会议只谈论改善的规则，每开一次会前后大家都能自觉执行PDCA循环。

不过，上述做法也不能保证一定能立即取得成效。即使不断改善，也有可能达不到预期的效果。但即使这样，也务必不要频繁地转换方针。在大家习惯最初决定好的行动计划之前，请坚持不懈地让下属行动起来执行PDCA循环，这一点非常重要。非要修改行动方针或战略计划的话，半年修正一次的频度即可。

试着要求下属“不管怎样，希望你提出 3 个改善方案”

在这里我向大家介绍一个让每个部下都能去检证“C”，从而正确地运转PDCA循环的小技巧。首先将会议资料以及想和大家分享的信息事前通过邮件展开给大家。然后让大家在开会之前好好看资料，想好如何去改善。

事先就把信息展开给大家的话，大家就能各自利用自己的自由时间进行检证和思考。可能有的人会早上早点到公司来看邮件。有的人会边吃午饭边想改善方案。也有可能有的人会在坐车移动的时间用便携电脑查看邮件思考方案。总之，大家都能按照自己的节拍和日程去安排看资料的时间，对上司提供的信息进行判断和检证。只有做到了这一点，大家才会开始想“那么，这个问题该怎么改善呢？”

我希望每一位管理者都能理解，对于信息的接收和理解，人和人之间是有差别的。因此，我希望管理者们能够和下属保持步调一致，也就是说去顺应各个下属的做事节奏。

现实工作中我发现很有团队都是到开会的会场上才会发资

料，然后告诉大家："希望大家能看看看手里的资料，目前情况太糟了，大家说该怎么办。上周我还被总经理叫去训了一顿话，大家就没有一点危机感吗？大家都看看资料，然后每个人说说自己的意见。"突然被这么说一通，第一次看资料的下属们自然是一时提不出来什么意见。

看大家提不出意见，估计管理者又会这么说了："那么，我先说说我的意见吧。从这份资料上可以看出来，大家在新客户开发方面没有取得什么成效，因此我个人认为，还是在开发休眠客户方面多下点功夫比较好。我看了看其实过去10年时间和我们有过买卖关系的公司中，如今没有往来的公司有300家之多。我在想大家把300家分配一下，各自担当几家客户然后开始拜访，看看能不能建立起新的买卖关系，如何？"说完之后通常管理者会补充说："这是我的个人意见，大家觉得怎么样？那么从××开始，大家按顺序说说自己的意见吧。"这么一说，估计大家都会说："我的意见一样。"不管管理者如何说"你们不要拘谨，想说什么就说什么。"结果得到的答案往往还是"我觉得课长您说的对，开发休眠客户是最有效率的办法""我也这么认为""我没有反对意见"，等等，结论是根本得不出别的意见。这是因为"抛锚效应"在作怪。

正确的PDCA循环的流程

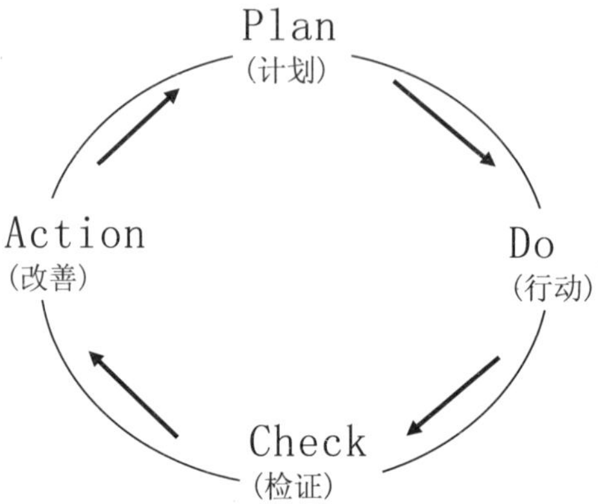

时刻有意识地去持续运用PDCA循环非常重要

2周开一次会（30分钟），运转起PDCA循环

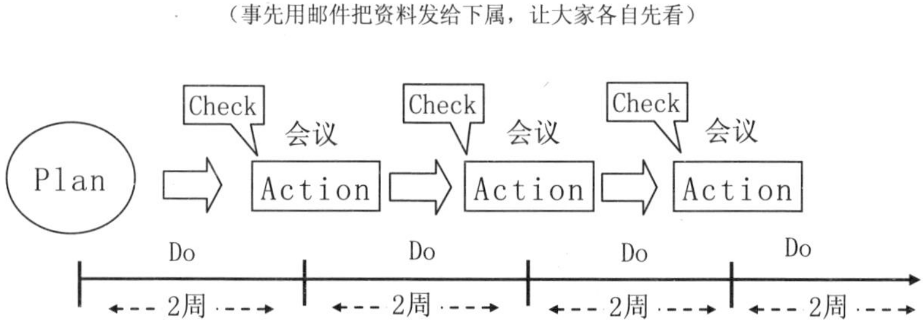

所谓“抛锚效应”，就如字面意思，船为了不被水流冲走而投锚的意思。只要有人发言了，那么他的言论就好比锚，大

家都动不了了。如果发言的人还是有权利的上司的话，那这个锚就更沉，更没有人想去搬动了。我经常听到有的管理者抱怨“我的下属们开会的时候都不说自己的意见。大家的意识都太低了”，其实我想说之所以会这样是因为管理者的会议运营方法有问题。

所以，管理者想让每一个下属都思考并提出意见的话，就一定要避免“抛锚效应”。事先把信息发给大家，让大家按照自己的节奏安排时间思考，然后提出自己的意见。事先给大家发邮件指示大家，“在看完这份资料的基础上，没有正确方案和错误方案之分，请大家提出三个改善方案”。这里必须遵守一点规则，那就是必须向下属明确需要提出的方案的个数。这样一来，下属的脑子里就会出现空白，然后开始思考。

“没有正确错误之分”的说法也很关键。如果要求大家“一定要提出能够取得成果的改善方案的话”，要求太高大家都会退缩，然后去找“做不到”的理由。因此如果告诉大家“即使方案不正确也没关系”的话，大家就不会感觉到有压力，能够轻松思考。虽然说“不正确的方案也行”，大家也会理智地思考，绝不会有人荒唐地说“如果那么需要‘白地’的话，那就花钱请当红的明星来做营业吧”这种荒唐话的。

另外开会之前把大家的意见事先集中起来的做法也行。比如制定一个规则，让大家在开会当天的上午10点之前将自己的意见用邮件的方式发给管理者。这样一来，就绝对不会出现“抛锚效应”。还能看到少数意见，往往不会主动表达自己意见的新员工和中途采用的员工的意见也能搜集到。刚毕业的员工和中途招聘的而员工因为过去的经验少，不会陷入到“维持现状的先入之见”，提出的意见比一般员工都好的情况也不少。

在我的研修会上经常会有人问我这样的问题：“横山先生，虽然您这样说有道理，但是还是有人开会前不会看资料。我让他们提出改善方案，结果最后提出方案的下属也很少。这样的情况我该怎么做呢？”遇到这样的问题，我都会非常明确地回答：“那是因为作为管理者你的管理力度还不够。对于你的要求，下属们没有什么做不到的理由，对于那些不按你的指示去做的下属，你就这么放任不管吗？”

总结一下我上述观点：制定定量的计划，然后百分之百实施，有没有收到预想中的效果事先总结成资料，在资料上检证。如果现实和理想出现差距，那就是空白。然后要集思广益地想改善方案去填补空白。这，才是正确的PDCA循环。

80% 的情况用“性善说”来“保持步调一致”，开会的时候用“性恶说”来严厉地“引导”

要想做好管理，就需要懂得区别并灵活使用“性善说”和“性恶说”，并保持二者的平衡。这一点和“保持步调一致”与“引导”之间的比例相同，按“8：2”来分配。

所谓性善说，是指认为人的本性是善良的说法。“保持步调一致”的阶段，需要按照性善说的理论去实施。也就是说，要相信人本身是善良的生物，因此即使放任不管下属，他们也能按照你的指示去做该做的事，赋予他们一定的自由。要知道不管你用怎样的管理方法，也不可能完全掌握下属的行动。就好比棒球比赛，在球场上每个运动员如何表现，一个教练是不可能全都看得过来的。营业也一样，不论你开多少次会，要求下属做多少资料，想要全面监视下属，控制他们的行动也是不现实的。

如果不能完全信任下属，经常问下属“没问题吧”或者批评下属“你在干什么呀，应该这样做！”的话，下属在工作过程中大脑产生的空白都被上司的各种询问和指示填满了。到后来下属的工作变得很被动，只会按上司的交代做事，不会自己主动地积极思考。这个和汽车导航是一样的道理。开不带导航的车的话，驾驶员自己会去看地图，如果中途走错了，也会想办法到达目的地。但是，如果开带导航的车，去哪里全靠导航指路，驾驶员对导航产生依赖性，最后发展为一旦没有导航自己都不敢开车的状态。因此管理下属的时候，一定程度的放任是必须的。

所谓性恶说，是指认为人的本性是邪恶的说法。在“引导”的阶段，我认为需要按照性恶说的想法去实施。也就是说，要认为人一旦被放任就会沉溺于欲望，在考虑这一点的基础上严格地指导和引领下属。当然，会议作为引导的一个场合，也需要按照性恶说的理论实施。需要明确严厉地质问下属“你的‘预材’是不是已经积累2倍了，说出来给我听听！”。如果没有做到的话要进一步质问下属“为什么不找大家商量对策？你不商量也能做到200%的话，我没有什么可说的，现在做成这样你怎么交待？”如果事先要求下属提改善方案，结果下属什么都没有准备的话，那不妨发发脾气：“我告诉你要事先看资料提出改善方案的，你什么都没准备成何体统，给我出去！”

当然，如果下属把该做的都做好了，就没有必要斥责对方。但是对于做得不好的下属一定要问他“为什么没有做到”，严格地进行指导。作为管理者一定不能轻易地原谅该做的事情不做的下属。下面举个具体例子。

“关于新的‘白地’如何去填补，让你提出三个改善方案，你准备好了吗？”

“准备好了，上次没有按时完成，实在抱歉。”

“嗯，很好。”

“实在对不起。不过当时我真没想到您会把我赶出会议室。”

“嗯，是啊，我以前从来没有这么做过。但是作为管理者，我认为没有做不到的理由的事情就一定得做到。关键时刻绝对不能动摇，不论别人怎么说也要坚持原则。”

“是！”

“嗯，上次的事确实是没有做不到的理由的。”

“对，您说得对。”

“坦白地说，之前我也总是选择逃避，没有正视大家，对一些问题就睁一只眼闭一只眼地放任了。不过，今后我不会那样了。决定的事情就一定要求你们遵守，绝对不会动摇。”

“明白了！”

“即使错了也没关系，提三个改善方案给我看！”

“是！我这次是认真思考了的。我的第一个方案是在营业渠道上下点功夫。第二个是要改改我们主页上客户申领资料的跟踪方式……”

“嗯，都非常不错啊，尤其是第一点，营业渠道的战略性改变确实是迫在眉睫啊。”

就像上面这段对话一样，要想在下属和上司之间构筑起信赖关系，就一定要保证该做的事一定要做到。所谓该做的事情，就一定是有“期限”和“指标”构成的。期限和指标都是事先由管理者明确好的，因此如果下属没有跟管理者商量过就说“做不到”的话，实在是不应该的。如果下属平时都很被上司信任的话，下属自己也会有意识地去想“如果提不出改善方案，还不找领导商量的话，是绝对不行的，对不起领导对我的信任。”下属和上司之间的信赖关系就是这么建立起来的。建立起信赖关系后，职场氛围也会越来越好，大家都会自发地去行动。

关键的关键就是80%的时间用性善说的原则先和下属保持步调一致，然后偶尔开会的时候用性恶说的原则去严格引导下属。引导占的比例是20%。在这里说明一点，平时总是很温和的上司偶尔发怒一次带来的冲击力会很大，而平时就容易发火的上司，因为大家习惯了他发火带来的刺激，所以他生气也就不会有什么效果。另外，经常开会的团队大部分时间都是在“引导”，这样的话上司和下属之间没有足够的时间保持步调一致，难以形成信赖关系，职场环境也会越来越糟。请记住“保持步调一致”和“引导”的比例原则上是8：2。因此那些只懂得在开会时跟下属说话的上司可以说根本就不懂管理。说到这里，我希望各位管理者都能反思一下自己团队内“保持步调一致”和“引导”的比例大致是多少，开会的频度是否得当，然后做该做的改善，进而实现团队的良性成长。

后序

写给所有带团队的管理者

在本书的标题中写有“绝对”的字眼。我也使用过这种“100%”的表达方式。看到这些非常绝对的表达方式，也有不少人发出了反对的声音。他们认为“这世界上根本就不存在所谓绝对的事物。”“100%什么的根本就不可能。”

最近，社会上有种让公司管理层尽量避免强烈表达方式的倾向。因为如果是说法过于严厉，会给下属带来很大压力，也许会导致员工都不敢来公司上班。社会舆论要求上司们，多多表扬下属，认可下属，还必须充分了解如何才能让下属工作起来更有干劲。要求管理者成为部下所期望的领导，并且要提出任何人都能认同的团队理念……有很多管理者都是这么想的。而正如大家所想，我非常有同感。可是话虽如此，我还是主张“该做的事就必须得做”，不能做的事就别做。在社会舆论的重压之下，管理者更应该保持清醒的头脑，思考什么是该做的，什么是不该做的。

我在本书中多次提及“每一项工作都一定有期限和指标”。且不管是什么样的工作都一样，需要在某个期限中完成某个指标。管理者需要明确这些内容，然后指导下属去“绝对达成”目标。下属们都在做工作，对于领导的指示，必然会认真执行。而正因为每项工作都有期限与指标，下属们才会去思考该如果去做。而当市场环境发生变化，员工到了可能无法严守期限和指标的状况时，就会找到您这样的管理者“报告、联络、商谈”，通过团队的力量去解决这些问题。总之，在期限到来之前，员工都需要仍坚持不放弃地通过执行PDCA循环去完成目标，如果这样也无法完成的话，就坦然接受相应的惩罚。理想的营业工作就是这样简单。

在心理学领域，有这样一个法则叫“Yerkes-Dodson法则”。这个法则证明了，当人类感受到适度压力时，能够表现得最好。但是过多的压力自然是不行的，而压力太小的话则会导致动力不足。

那么，决定了一项工作的期限与指标，然后将其牢牢锁定的话，是不是会给下属带来过多的压力呢？让员工按照在自我申告中设定KPI保质保量地去拜访客户；开会不准迟到；把资料做到最好；要求员工一定做到上述几点并形成习惯，然后在此基础上再分阶段地设定出新的规则，这样的做法会不会给员工带来过大的压力，侵蚀下属们的神经，然后导致他们不敢来上班呢？

我想说如果你的下属真的经不住这样的压力的话，那么其他事情也都做不到。如果员工连这样的压力都扛不住的话，当外部环境发生激烈变化时，公司的前景就会变得十分渺茫。

不过，下属们提不起干劲是不是只是单纯地不想去改变？是不是只是因为“维持现状的先入之见”在作怪呢？来参加我团队的研讨会和听演讲的管理层大多数人都是这么说。“首先，我要改变我自己，然后再去改变我的下属……”当然，改变自我的想法是没有错的。但随着年龄的增长，及经验与经历的增加，“维持现状的先入之见”就会越严重，就更加难以摆脱。也就是说，年龄越大就越难改变自己。因此，如果在改变了四五十岁的管理者之后再去让二三十岁的部下也去发生改变的话，就会需要一段相当长的时间。“我要先自我改变！然后作为表率，让下属们也改变，首先我自己要做给下属们看……”这些话听起来还不错，只是需要的时间太长，进度太慢了。

管理者自身可以不做改变，但是部下不改变是不行的。以这个顺序去操作将会非常迅速地改变整个团队。事实上，在做咨询活动时，也都是从改变年轻人开始入手。很多管理者即使能很清楚地认识到“自己也必须得改变”，可却始终无法在短时间内改变自己的行为。相信很多管理者都运用自己过去的丰富经验解决了很多问题。因此管理者们不用着急，通过活用自己的经验，一点一点地去改变就行了。

必须要改变的是那些年轻的下属。部下们越是年轻，就越缺乏足够的经验，就越容易改变自己。请相信从改变年轻下属开始是建立信赖关系最好的捷径。

当今是一个教导小孩培养部下都很困难的时代。家长与老师都小心翼翼地带着孩子，上司也是揣摩着下属的心情小心翼翼地管理着部下们。实际上，最近的日本职场上原来那些凶神恶煞的上司几乎已经消失不见了，渐渐地草食系的管理者倒是越来越多了。草食系的管理者是不会对部下拿出强硬态度的。不会伤到自己与部下，时刻注意着不在部门内部掀起任何波澜。

可是，正因为身处这样的时代我反而希望管理者们变得“不近人情”一些。不要因为觉得“自己都没有改变，没有资格去要求下属”而变得怯懦。作为管理者，你只需要严厉要求部下“改变一下你们的行动吧”就可以了。下属们不可能一一确认管理者的行动。没有听说过哪个下属去监视上司的行动，向上司提出“你既然要求我们做到，那作为上司的你，是不是自然也要做到呢？”之类的要求。

即使有的下属发发牢骚说：“光让我们改变，自己却不做，站着说话不腰疼。”作为管理者也不必在意，这只是员工凭感觉说的，是他个人单纯的想法而已。管理者们不要去想“为了不让下属们说我的不是，我必须先做到最好”，要做的就是与部下同步，与其建立信赖关系。要知道世上没有管理者自己做不到就不能勉强部下去做的道理，管理者有权行使自己的权力。

营业活动就是与客户打交道。不管你有多么了不起的产品，不管你有多么丰富的产品知识，到目前为止还没有一种营业方法能保证让客户100%去买你的产品，并且让客户一直青睐你的产品。

比如，就算连续三个月每月拜访100家新客户，未必能带来订单。做与不做也许最后的结果都是一样的。正因如此，才会很多营业人员会纠结于“有没有更好的方法呢”。也正因为存在着这种不确定性，营业部门的工作内容才会与研究怎样做就能做出好东西的制造部门、怎样做大概数字就核对上了的财务工作内容大相径庭。

营业活动中，即使在大脑中想好了“这样做吧”，但事实上却难以按自己的想法推进的状况相当多。营业的工作就像是在充满不确定性的海洋中游泳一样。如何把那些做比不做好的事一一叠加起来，这对于营业来说非常重要。

我认为没有比营业更具冒险性和创造性的工作了。因为在对于营业工作来说，针对最后的终点目标是没有可以解释的范围的，是多少就是多少。营业工作的终点目标是用数字表示出来的，应为量化了，所以世界上任何一个人都是一样的解释方法。不管外部环境怎么变化，都要在期限内完成目标数字。克服一切艰难险阻，最终取得胜利。

“理解=语言×体验”。有着现场体验的营业人员是最容易锻炼出丰富的想象力的，而营业工作也需要有一定的想象力。在完成目标期间，营业人员们通过行动的数量增加，就能填补起各种情节，最终形成一个完整的故事。就像我们经常看的电视剧，其实电视剧的剧情也就是由登场人物的各种“纠结”团队起来的。看电视也好、玩一些冒险类游戏也好，体验到达终点前的过程应该是十分享受的。

我喜欢营业这样性质的工作，因此不仅仅是针对那些想成为顶级营业员的人，只要是从事营业这个富有创造性工作的人我都会去帮助他们。

最后，给大家介绍一个装修公司的例子吧。那是一个区域密集型的装修公司，伴随着住宅动工率的下降，公司业绩也越来越糟糕。在这样一个大背景下，我接手了该公司的咨询工作。那家公司的社长对我说“如果公司还是只做现有市场的话，我觉得公司可能很难生存下去。应该更主动地去开发一些新市场。”可是，新市场的开发哪有嘴上说的那么容易啊。虽说因为核心市场的业绩已经无法再提高应该在新市场中寻找商机，但是事实上并不是一件能轻易实现的事情。极有可能造成人力、物力、财力等公司资源无法进行合理分配，导致无论是新市场的开发还是核心市场的维护都处于濒临夭折的状态。

针对该公司的现状，我提议说“先确认清楚营业人员们是不是都已经发挥出自己100%的潜力后，我们再去判断这个市场有没有希望，然后再探讨核心市场能不能重获新生，让我们试试看吧。”社长连说了两声“我知道了”以表达他的同意和决心。

到目前为止，这里的营业几乎每个月可以拜访100家客户。装修公司营业的工作可并不只是拜访客户而已。公司接到订单后，自然要到现场去勘察，监督施工的进度。所以，对于建设行业来说，拜访100家客户是一件非常困难的。可是，即使做到了每个月拜访100家客户，营业也始终无法取得成果，所以营业部长一声令下，把大家的拜访客户的KPI数字提高到了200家。

这家公司的营业人员中，即使是年轻一些的也都已经三十七八岁，而年长一些的还有几位超过60岁的。看到这种现状，就连我也认为“指标定为200，这样做的话，对于这些营业人员来说心理上与身体上是不是都有些勉强了呢”。可是，让那些年龄很大的营业人员去拜访更多的客户可能过于勉强，这只是我单纯的个人想法而已。要事实证明，通过反复的努力，营业部的所有人都能够做到每月拜访超过200家的客户。

后来，这家公司内部有了这样的动向，开始有别的部门的人意识到“营业部的人都那么努力，我们也不能安于现状啊，是不是应该做点什么”。说这个话的是建设施工现场的员工。于是有人开始穿着施工现场穿的工服到工地附近的居民家拜访，以争取更多的客户和订单。虽然这件事情已经过去几年了，不过每当我想起当时大家努力的场景都忍不住动容。已经50岁、60岁的人，到目前为止从来没有做过营业的员工们，居然能够挨家挨户地去拜访居民。相信他们内心也相当纠结过。但即使这样，他们也给自己设定了KPI并且坚持做到底。当然也有人的努力完全没有出成效，被居民无情地拒绝过，觉得非常懊恼的员工也不少。但是，大家还是坚持下去了。

再后来，在总务部女部长的号令下，兼职的女员工们也开始帮助营业做电话预约。虽然大家都是营业的门外汉，但是每天都会保证一定的时间，给各个潜在客户打电话。这样的工作对于兼职的女员工来说太困难了。甚至有人反应，这样做会影响本职工作，精神压力很大。但即便如此，为了公司的发展，大家还是在坚持。虽然到大家习惯这样的状态需要花一定的时间，但是这样的努力姿态绝对说得上让人内心震撼。

然而，遗憾的是大家的努力没有带来成效。不论施工现场的员工拜访多少居民，总务的女员工们打了多少电话，结果是完全没有出成效。不过，看到别的部门这么努力，营业人员们受到了强烈的鼓舞。大家开始自发地思考如何让团队团结一体“将目标预算绝对达成”“怎么做才能提高业绩”。这正是摆脱了“维持现状的先入之见”，将焦点放在了目标预算上的表现。

看到公司有了新气象，社长自然是很高兴。社长喜悦地说“没想到公司能发生这么大的变化”，同时也表示“都努力到这份上了还是没有结果的话，那真的是没有办法了。”不过，我告诉社长，不要着急，成果会在之后一段时间现象出来。因为是建筑行业，市场反应不会那么迅速。虽然突然增加了行动量，但是成果估计会在3个月后、半年后、甚至一年后才会出现。不过，不得不正视一个现实，那就是在住宅着工率整体下降的大趋势中，这一家公司能逆势而行的可能性也不大。在这个事情背后，有公司不能把握的整体市场因素。

在听说该公司建筑工地现场的员工们都穿着工作服去拜访客户后，一家房地产公司被打动了，决定帮助这家公司渡过难关。这家公司也是倾尽全公司的力量在努力。半年之后，所有营业人员的客户访问件数都超过了200件，又过了半年大家终于达成了目标预算。一个已经快要赤字的公司，不仅实现了经营状态的逆转而且完成了预算目标，实在是很了不起！

听了上面这个故事，相信你也能感受到营业工作是多么的戏剧化吧。一个营业人员朝着目标克服心理上的纠结，一头扎进工作，沿着一条直线不断突破的身影一定能够唤起周围人的共鸣。营业是一个拥有能够改变整个公司潜力的优秀的职业。当营业的活动量增加了，其他部门的人也一定能够感觉到变化。原因很简单，忙起来的营业们不会待在公司。然而如果营业人员是接受一些培训提出报告的话，大家是不会感觉到变化的。别人感觉不到变化的话，也自然不会想到去帮助你。而决意告别从前的自己，为了为公司做出一些贡献而变化的姿态，在谁看来都会是一个美好动人画面。

可能在改变过程中会遇到有想去浇灭营业努力之火的“灭火人”，也就是“梦想杀手”，他们抱怨“营业的人都不在公司，直接导致我们的工作增加了，真是麻烦”，也会不顾别人什么事情都优先自己。遇到这样的状况不必过分担心，因为通常一个团队都有自身的“净化作用”。要相信日久见人心，没有人会去支持那些做事不诚实的人。如果一个团队有这样的坏风气，并且去扼杀那些想要改变的人的话，那么这个公司很快就会走向终点。

大家都听说过“蝴蝶效应”吧。蝴蝶效应是美国气象学家爱德华罗伦兹1972年举行的一次演讲的题目，说的是“在巴西一只蝴蝶扇动翅膀能在德克萨斯刮起龙卷风”。也就是说，不论多么微小的一个动作也会有变成大型运动的可能性。同样，营业人员的一点改变也许就能带来巨大变化。

可能公司内会有人抱怨“经营者如果更有危机意识就不至于发展成今天这个样子了”，“如果那个不给力的部长不换的话什么都改变不了”。对这些人，我想说，不要只顾着抱怨，从自己开始改变，小小地扇动一下翅膀怎么样。蝴蝶效应一定有可能将一个微风型团队变成飓风型团队。

日本遭遇了东日本大地震这个前所未有的大灾害，除了受灾地以外整个日本都陷入了痛苦状态。很多人都想去帮助那些身处困境的人们。只要自己能做到的，哪怕是一件小事也想尽自己的绵薄之力。我想正在看这本书的您也有这样的想法吧。过去的20多年时间，我也一直致力于帮助智障人士的志愿者活动，也曾经参加了青年海外协力队的活动。对于大家想去帮助他人的精神，我相当理解。但是，要想对别人好，首先自己需要变得更加强大。正是在大地震之后，我们才更需要做出成效，收获利益。100%达成目标，这样才能收获利益，能向国家纳税，进而为整个社会做贡献。

当一个团队通过改变实现良性发展后，即使员工的劳动时间缩短也能保证做出安定的成效，公司上下所有员工心理上有一定的缓和余地。而当自己心里有余地时，发现身边有遇到困难的人，就会自然涌起去帮助他人的心情。

就像我在本书开篇写到的那样，在东日本大地震之后，大家对于我的研讨会的反应有了很大的变化。“漂亮的理论上的话不用再说了，已经够了！”“我们想知道绝对能达成目标的方法！”“我想改变！不改变不行了！”大家都怀着一颗炽热的心。很多人是真的在考虑如何为社会做贡献。

我还是那句话，想要帮助他人，先将自己变得更强大吧！相信营业团队一定能让公司变强，进而让社会变强。

参考文献

·池谷裕二 著《大脑会在不经意间撒谎》（祥传社、现在新潮文库）

·弗拉特贝特格 著、土屋健 译、猪谷千春解说《我是如何在营业外交上成功的》（宝石出版社）

·山崎启支 著《实务入门NLP基础知识》（日本能率协会管理中心）

·山崎启支 著《灵活调动“人”和“团队”的NLP交流技巧》（明日香出版社）

·平野友朗 著《谁都没有教过你的上午邮件的写法和发送方法》（清晨出版社）

图书在版编目（CIP）数据

绝对达成：优秀团队养成术 /（日）横山信弘著；
李娟译 . -- 北京：北京日报出版社，2016.1
ISBN 978-7-5477-1923-7

Ⅰ . ①绝… Ⅱ . ①横… ②李… Ⅲ . ①企业管理—组
织管理学 Ⅳ . ① F272.9

中国版本图书馆 CIP 数据核字（2015）第 277707 号

版权登记号：01-2015-7079

绝对达成　优秀团队养成术

出版发行：北京日报出版社
地　　址：北京市东城区东单三条 8-16 号东方广场东配楼四层
邮　　编：100005
电　　话：发行部：（010）65255876
　　　　　总编室：（010）65252135-8043
印　　刷：东莞市信誉印刷有限公司
经　　销：各地新华书店
版　　次：2016 年 1 月第 1 版
　　　　　2016 年 1 月第 1 次印刷
开　　本：880 毫米 × 1230 毫米　1/32
印　　张：6.5
字　　数：200 千字
定　　价：38.00 元